台灣風土系列⑨

物產的故事

審訂：施志汶
文：張友漁
封面繪圖：林麗珺
內頁繪圖：劉素珍

編者的話

近幾年來，政府積極推動鄉土教育，希望國中、小學學生能對台灣的風土文物有所認識。然而學校老師為了豐富自己鄉土的素養與知識，卻有資料難尋之感。聯經出版公司在出版金鼎獎童書《台灣歷史故事》之後，獲得各界熱烈回響，不時有家長、老師建議繼續開發、延伸此一系列著作。

有鑑於此，聯經出版公司經過資料蒐集與規劃，邀請兒童文學作家執筆，專業的史學、科學教授審校，並由插畫者配上精緻的插圖。於是一篇篇豐富又有趣的台灣風土系列故事，再次呈現在讀者面前。

《台灣風土系列》全套共十冊，包括：《開發的故事》、《民間信仰的故事》、《習俗的故事》、《海洋的故事》、《河流的故事》、《動物的故事》、《植物的故事》、《住民的故事》、《物產的故事》、《山脈的故事》。

本系列以說故事的筆法敘述，以主題事物爲主軸，涵蓋歷史、人文、自然、科學與生活，適合國小中、高年級以上的學生閱讀。相信閱讀過這套叢書之後，人人都能認識台灣風土，並對我們的生活與習慣有更多的了解。

序

張友漁

十月的某一個下午，我坐在電腦前寫著菱角，這個南台灣的特產。寫著寫著，菱角那個有對彎彎角的模樣，一直在腦海裡跳來跳去。寫著寫著，菱角殼剝開了，露出了白白粉粉的菱角仁，居然還冒著熱騰騰的霧氣哩！我再也寫不下去了，一顆心被菱角搔得癢死了，想品嚐菱角的慾望沸騰著。走出工作室，開著車到左營華夏路去，我知道那裡有一大片的菱角田，路旁有一個小小的攤位。

買了半斤，蹲在路邊面對著菱角田吃著，菱角田裡一個人也沒有，如果有人，我一定要央求主人讓我捲起褲管下田去，當個十分鐘的採菱人也好。吃完半斤，解了饞，回到書房繼續幹活去囉！

住在台灣眞好，好吃的蔬菜、水果多得不得了，以前只知道這些食物，淸脆爽口，其餘的也懶得聞問。寫了這本書之後，在飯桌上，開始跟小外甥們大談蓬萊米的歷史，香菇的由來，飯後還說水果鳳梨的故事；小外甥們瞪大眼睛，一臉疑惑，和小阿姨一起吃飯好幾年了，從來也不知道阿姨這麼有「學問」哩！

以前只有夏天才吃得到西瓜，現在，春夏秋冬都可以見到西瓜；以前，金針都住在高山上，現在的金針顯得「平易近人」多了。這些改變，幕後都有一批辛苦的育種英雄，他們長期投入，不斷的研發改良，才讓我們開了眼界，讓我們不必辛苦的等待下一個季節的輪迴，就能品嚐我們鍾愛的水果。我們該謝謝他們。

當初接下這個題材時，也是基於自己對這些物產的陌生與無知，確信在蒐集資料以及寫作的過程中，能得到學習的樂趣。事實上，也是這樣的。我付出了時間與精力，享受獲得知識的快樂。現在，當我走在市場裡，我對眼前擺放的這些物產，有了熟悉感，我了解它們的過去，然後我們很有默契的相視一笑。這種愉悅的飽足感，是我寫作這本書最大的報償。

目次

樟腦和戰爭

在石油的分餾技術尚未開發之前，樟腦可是工業上很重要的一種原料，可製成驅蟲劑，以及無煙火藥；高經濟價值及用途，引起他國的覬覦，進而引發爭奪的戰爭。台灣的樟樹都生長於中央山脈的丘陵地帶，進入深山伐木熬腦的工人，常常與原住民發生衝突……。

午後，陽光雖然炙熱，但是徐徐涼風穿梭在山林裡，吹趕了些許的暑氣，老樟樹在和風的吹拂下，沈沈睡去。

「老爺爺，老爺爺，我聽見人的腳步聲，有人要來砍伐樟樹了，你快醒來。」小樟樹驚慌的大叫。

老樟樹睜開眼睛，看看身旁的小樟樹，這個小傢伙，自從告訴他樟樹熬煮成樟腦的歷史之後，他成天就這樣緊張兮兮的。

「那是風聲。現在樟腦製品都被各式各樣的化學製品取代了，沒有人要從事熬腦這樣的行業了，所以，你不用太擔心了。」老樟樹說。

「真的是風聲喔！」小樟樹仔細聆聽之後，不好意思的說。「老爺爺，你再說一次那個『老掉牙』的故事給我聽，好不好？」

小樟樹想從不斷地聽樟腦的故事當中，確定人類是不會來了。彷彿每聽一次，心中就能更篤定一般。這點，老樟樹是明白的，凡是在那段滄桑歷史中生存下來的樟樹，都有同樣的心情的。

「那是很久以前的事囉！不知道是誰發現樟樹有這麼多的用處？在石油的分餾技術尙未開發之前，樟腦可是工業上很重要的一種原料，樟樹蒸餾結晶後，和石灰加熱精製成有機化合物，變成白色粉末，可作爲驅蟲劑，也可以製成無煙火藥。另外，樟樹所分離出來的酮類，可合成松節油，成爲無色晶體，有特殊香味，可作爲興奮劑，有局部止癢的功效。除了這些功能之外，樟樹也是一種軍工料，是製船的好材料。」老樟樹像一個學識淵博的學者，對小樟樹分析樟腦的功用。「人類眞是一種聰明的動物，居然會發覺藏在我們樹幹裡的秘

・樟腦採自樟樹。樟樹是亞熱帶林產，需較多的雨量及氧氣。台灣是世界上天然樟林的主要分布地區。

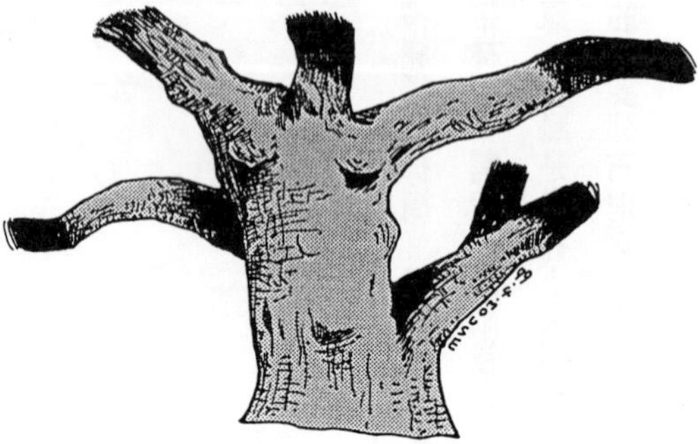

・砍伐樟木之前須先鑑定含腦量，通常是由根部向上算起十英尺高度以內的部分含腦較多。樹齡在四十至五十年以上者含腦較多。

密。」小樟樹覺得不可思議。

「秘密是藏不住的，我們隨時隨地散發出去的味道，怎麼能瞞得住人類的鼻子呢！」老樟樹說。「當台灣的樟腦業進入了全盛時期，那時候整個山林風聲鶴唳，許多樟樹都難逃一劫，只有我倖免於難。當時有人到山上考察樟木生長的區域，有個人就站在我身邊，用手拍拍我的樹幹，說：『這棵千年老樹要留下來。這麼老的樹，裡頭一定住著樹靈。』所以我才能活到今天。」

「能活到這麼老，眞是一種福氣呀！」小樟樹羨慕的說。

老樟樹繼續說：「因爲熬腦的技術簡便，需求量大，利潤又很可觀，所以，愈來愈多的人投入熬腦的行業。我們樟樹的厄運就這樣開始了。」

「台灣的樟樹都生長於中、北部丘陵、山地一帶，雖然那時候是禁止漢人入山伐木的，但是，因爲利之所在，就有人趨之若鶩。山區住著許多原住民族，有許多人進入深山伐木，常常與原住民發生衝突，死傷很慘重呢！」

一陣強風吹過，吹落了老樟樹和小樟樹身上搖搖欲墜的枯葉。風勢減緩後，老樟樹繼續說著：

「後來清政府發現樟腦的經濟價值實在太高了，於是干預樟腦事業，於一七二五年設立軍工料館，採伐大木作爲造船的材料，伐木的費用則由熬腦收益補貼。當時，私製樟腦爲官方所禁，但是，私煎者以及官商勾結事件仍然層出不窮。一八五五年，有一個美國商人叫魯賓內（W. M. Robinet），以協助道台捕捉海盜爲條件，換取台灣樟腦的經銷權。一八六一年，台灣開港

後，樟腦更成爲唯一重要輸出品。一八六一年，實施第一次專賣制度，嚴禁民間私製販售，外商只能透過腦館購買。

後來清朝政府將樟腦事業交給官辦，並全力取締民間賣樟腦給外商，卻惹惱了英國樟腦商人，進而引起國際糾紛，英國於是在一八六八年開來艦艇襲擊安平港，最後，清朝政府頒布『外商採買樟腦章程』，平息糾紛，這等於開放了樟腦的買賣事業。」

「英國實在太霸道了。」小樟樹忿忿的說。

「唉！那是個紛亂的時代呀！誰有槍砲彈藥誰就是強國。」老樟樹無奈的說。

「台灣人現在都不再熬樟腦了嗎？」小樟樹緊張的問。

「現在，台灣熬製樟腦的腦寮，只剩下苗栗縣大湖和銅鑼等地還存有一、兩間。少得多了。」

「他們到底是怎麼熬腦的呢？」小樟樹又問。

「他們那時候稱熬腦的地方叫做『腦寮』，裡面有一個『腦灶』，腦灶上頭有一個『腦炊』。熬腦之前，得先將砍伐下來的樟樹削成碎片，再放入腦炊中，在灶上生火燃燒，熱氣會把樟腦氣蒸餾出來，經過冷卻凝結後，就變成霜狀的結晶樟腦了。」老樟樹說。

「你還在擔心嗎？快快放下你心頭的大石塊吧！今天的科技這麼的發達，人類不可能開倒車，回到山林裡大力的砍伐樟樹熬腦。除非……」

小樟樹緊張極了，趕忙的問：「除非什麼？」

「除非人類又在樟樹身上發現新的用途。」老樟樹說。

「天哪！有什麼新的用途？不會想用樟樹蓋房子，

• 山上的簡易腦灶：為了方便熬腦，腦丁們通常在山上設置臨時的腦灶，就地伐木熬腦。

那樣整個夏天就不用點蚊香了吧！」

這個小傢伙還眞有想像力哩！老樟樹忽然想捉弄一下小樟樹，他裝出一臉認眞的說：「噓！小聲點，這個點子給人類聽到了就糟了。」

小樟樹謹愼的閉上嘴巴，噓！小聲點，人類是無所不在的，給人類聽到，就眞的糟糕了。

老樟樹心裡明白，樟樹的用處可多著呢，有些是化學藥品所無法取代的，例如製造植物性的香水、高級香料，以及醫學上的強心劑，治療皮膚病、關節痛、風溼等等。但是，以後的事誰知道呢！像小樟樹這樣，還眞有點庸人自擾呢！

茶葉處處撲鼻香

台灣茶葉因為生產地、生產時期、品種及烘焙程度的不同，研製出各種具有特色的茶。北部以文山茶葉專業區的包種茶最有名；南投鹿谷則盛產烏龍茶，其中以凍頂烏龍茶最具代表性；其他還有高山茶、天鶴茶、福祿茶等等。

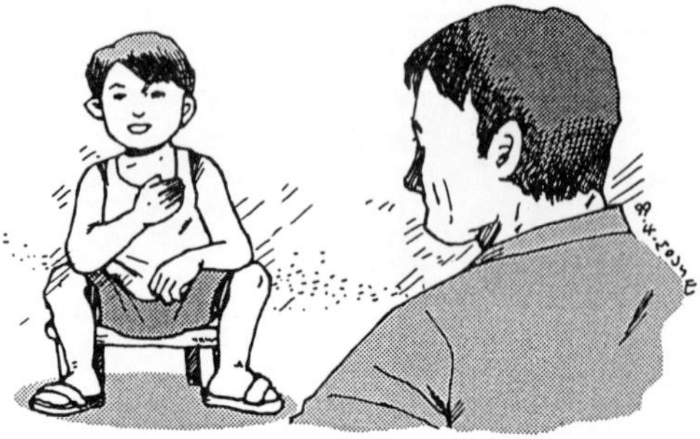

「台灣三寶是哪三寶呢？」

這是老師出的暑假作業，我們得自己找出台灣三寶，然後選擇其中一寶作爲研究的對象，寫一篇兩千字的報告。我覺得老師眞是太過分了，用這種方式摧毀大家的暑假。

我在網路上查了大半天也沒查出什麼。

「爸，台灣三寶是哪三寶哇！」吃晚飯的時候，我向父親求救，並說明是寫報告要用的。

「台灣三寶不就是……不行，這是你的作業，你得自己到圖書館查資料，等你查出來，爸爸帶你回阿公家，保證你的報告寫得既豐富又精彩。」爸爸最會賣關子了。

我在圖書館裡，經過一連串的電腦查詢，終於查出台灣三寶就是茶、糖和樟腦。這三種產品是西元一八六

•坪林種植的茶葉以青心烏龍茶為主，其芽嫩柔軟，是製作包種茶的上等茶種。所以文山包種茶品質佳，聞名於世。年產量約一百五十萬至兩百萬斤。

•日治時期，台灣農產以甘蔗、稻米為主，茶葉事業處於不振狀態，一來受到國際市場競爭的影響，二來因為日本人大力推廣紅茶所致。

〇——一八九五年間台灣的三大出口品，所以並稱爲台灣三寶。我開心的笑了起來，阿公家就有一大片的茶園，阿公還是製茶的老師父呢！就選茶葉作爲我的報告專題吧！

爸爸趁著週休二日，開著車載著我和媽媽回到台北縣坪林的阿公家。阿公家位於坪林的一處山腰上，站在庭院放眼望去，是一大片綠油油的茶樹，一行行很有秩序的排列在山丘上。

阿公、阿嬤還有我們一家人坐在龍眼樹下喝茶。阿公在我們的小碗杯裡倒進了琥珀色的茶湯。「這是什麼茶？好香、好甘醇啊！」我忽然對這芳香爽口的茶，有了驚豔的感覺，比起可樂、汽水更有風味。

「這是今年的春茶，阿公特地留下來要請你們喝的。」阿公黝黑的臉上笑得好燦爛。

「有春茶就有夏茶嗎？」

阿公說：「對呀！每年清明前後，開始採收春茶；以後每隔五十到七十天又可以採收一次，就叫夏茶；一直到冬至前後，冬茶採收完畢後，茶樹就要冬眠休息了。接下來就得等到第二年的清明，春茶長成才可以採收。因爲冬茶到春茶之間時間隔得較久，氣溫最冷，茶葉的葉片最厚，味道也最甘醇，所以春茶的價錢也貴了許多。」

喔！原來我們喝的是極品的茶葉哩！

「你知道茶樹是怎麼引進台灣的嗎？」爸爸問我。

我搖搖頭。

「茶樹的原產地在中國西南部的雲貴高原，是一種野生的植物，最初是被當做藥材使用，稱爲茶。到了秦朝，開始人工栽培茶樹。到了西漢，茶才成爲一種飲

品。日本的飲茶習慣則傳自中國。」爸爸說。

原來爸爸也懂得很多茶的知識。

爸爸繼續說著：「茶被引進台灣據說有兩種路線，一是在清嘉慶年間（西元一七九六—一八二〇年），柯朝從福建將武夷茶帶到深坑種植；二是在道光年間，由鹿谷人林鳳池從中國帶回烏龍茶種，在凍頂山試種成功。」

「爲什麼茶又分烏龍茶、金萱、包種茶……，這麼多不同的茶呢？」我問。

爸爸這下抓著腦袋，不好意思的說：「這個就要問我的爸爸了。」

「台灣茶葉因爲生產地、生產時期、品種，以及烘焙程度的不同，研製出各種各具特色的茶，例如：包種茶、烏龍茶、綠茶、紅茶等等。北部以文山茶葉專業區

・烏龍茶：茶香帶有天然熟果香或近似蜂蜜香，滋味甘醇，湯色如琥珀般橙紅色。

凍頂烏龍茶：茶香近似桂花的清香，湯色呈橙黃色。

鐵觀音：甘醇中微帶澀味，有特殊弱果酸味，湯色呈深黃色。

龍井茶：滋味清朗爽口，有明顯的香氣，湯色碧綠呈清黃色。

文山包種茶：滋味清純不帶苦澀，甘醇爽口，湯色呈金黃色。

（接下頁）

的包種茶最有名；南投鹿谷則盛產烏龍茶，而以凍頂烏龍茶最具代表性；其他還有高山茶、天鶴茶、福祿茶等等。

茶農的最愛台茶十二號（金萱）及台茶十三號（翠玉），是在日據時代就已經雜交出來的茶株。台灣人自己發展出來的較有台灣特色的茶，有文山包種茶、凍頂茶、白毫烏龍茶（椪風茶）及高山茶等。」

阿公一邊說，我就一邊做筆記。才第一天就幾乎把資料收齊了，現在剩下製茶方法了。爸爸和媽媽在坪林住了一晚就回去了，我留下來學習製茶的方法。第三天阿公要採收茶葉，我跟著去見習。阿公爲了顧及茶葉的品質，堅持要用人工採收，所以請了很多工人幫忙。阿公說，要做出好茶，採收時講究的是「一心兩葉」，那是茶樹最細嫩的葉子。如果用機器採收，無可避免的會

（接上頁）

花茶（香片）：濃甜的花香味，溫和不刺激，湯色呈橙色。

•為了要推廣茶藝生活化，台灣省茶葉改良場推出方便的袋茶。

採收到茶梗及老葉，會影響茶葉的品質。

阿公把採收回來的茶葉鋪在曬穀場上，讓陽光蒸發茶葉上的水分，半小時後收回屋子裡，再用雙手不斷的翻攪，讓蒸發出來的水分盡快散去。之後將茶葉倒入大灶裡，用文火炒至剩下三分水分，接著將茶葉取出用布包裹起來，上下左右反覆搓揉到葉片捲起來，再用文火炒一遍，最後放在焙籠裡，用文火烘到一定的乾燥程度之後，再用篩子篩出大葉、小葉，以及茶屑，之後還要進行挑撿枝梗的工作。製茶的工作原來這麼繁複與瑣碎。

茶葉從靜置萎凋到炒揉通常需要八到十二個小時，攪拌的時間往往在深夜進行，我也犧牲了幾個晚上的睡眠，做了幾包茶葉，阿公試喝之後說，還不錯啦！再加以磨練，我也會成爲一個很棒的製茶師父。我準備將這

•喝茶的四大禁忌：一、隔夜的茶不要喝。二、空腹時，濃茶不要喝太多。三、不要用茶服藥。四、就寢前不可喝茶。

•一九八一年，日本伊藤園開創罐裝烏龍茶飲料市場，引起一陣旋風後，罐裝紅茶、綠茶、花茶、果茶紛紛起而效之。一九八三年，台灣出現第一瓶鋁箔包紅茶飲料。

些茶送給同學當禮物，雖然有點苦、有點澀，但是這是我的心血結晶，同學們應該不會拒絕吧！由於親身體驗了一場茶之旅，我的報告洋洋灑灑的寫了兩千五百字呢！這是個特別的暑假，現在終於明白老師的用心了。

水果王國美名揚

台灣地處亞熱帶，天氣溫和，適合熱帶水果生長，因此，一年四季都有代表當令的水果。豐富多樣的水果，不僅成為台灣絕佳的風土特色，為台灣爭取大筆的外匯，也讓台灣獲得水果王國的美譽。

・鳳梨開始結果時，果農會把旁邊的葉子束綁起來，把小鳳梨包藏起來，一方面阻擋陽光以免曬傷，另一方面防止鳥類啄食。

台灣水果展示會正式登場了，各種水果從台灣各地蜂擁而至，來自各地的農民、老闆、上班族、大人、小孩，把台北的世貿中心妝點得熱鬧非凡。這次的展示會主要是要對國人及外國人展示台灣農業發展的成果，所以，除了各種的水果外，還有用水果調配出來的各種爽口美味的佳肴。

爲了不辜負「台灣是水果王國」的美名，參展的水果都是農民們精挑細選出來的精品。雖然沒有比賽的性質，但是，水果們私底下卻互相較勁，誰才是台灣的果王。

鳳梨首先說話：「我是鳳梨，我是台灣的果王，俗話說『六月鳳梨七月瓜』，所以到了夏天，只要是在鄉下路邊都看得到我們的身影。你們看到我尾部的鳳尾牙冠了嗎？那是我美麗的皇冠。

・農業研究單位為了改良不理想的品種，例如改良形狀、甜度或抗病的強弱等等，使其更臻於理想，讓消費者更能接受，一次又一次的研究，開發出來的新品種，就以研究單位的機關名稱來命名，按其問世的先後，讓世人了解開發與研究的艱辛。所以會有「台農四號」、「高雄五號」、「台南六號」等名稱。

「我來自南美洲，十七世紀中葉輾轉來到台灣，經過台灣農業專家不斷努力的育種改良下，我們的子子孫孫不僅種類多，個個都是優質鳳梨。現在市面上最常見到的有釋迦鳳梨（台農四號）、蘋果鳳梨（台農六號）、香水鳳梨（台農十一號）等等。品嚐釋迦鳳梨的時候，只要抓住花目輕輕一剝，就可以吃到果肉了，很方便吧！

「花目是什麼？說給你聽，長點見識。鳳梨表面突起的長滿了細刺的六角形形狀，就叫做花目，或鳳梨目，那是鳳梨開花後結成的小果，每一個花目都連著一瓣果肉。

「像我們這麼漂亮、有特色的外表，甜美多汁的內在，最有資格成為台灣水果的果王了。你們看，這皇冠不是一直以來都戴在我們身上的嘛！所以說台灣的果王

•一株西瓜所結的果子太多，會因為分去了養分，而長得不好，必須去掉多餘的，只留下一顆專心長大。

非我們鳳梨莫屬了。

「不像西瓜，又圓又胖，圓鼓鼓的，走到哪兒都用滾的，果王會是這般德行嗎？」

西瓜清了清喉嚨後沈穩的說：「請不要涉及人身攻擊，這是很沒有風度的事。

「圓，其實就是西瓜最大的一個特色。我們有橢圓、長橢圓、球形、大圓、小圓。這圓的裡面又有著各種顏色，有深黃、金黃、深紅、淡紅。我們的內涵不僅實在，還有趣得很。

「西瓜原產於非洲，十八世紀初引進台灣。在育種方面，我們有很不錯的成績。例如西瓜家族裡的無籽西瓜，爲我們爭取了最大的光榮，他可是外銷的主要品種喔！你看，吃西瓜免去吐籽的麻煩，是多麼快意的一件事啊！還有，金蘭西瓜還獲得美國國際育種銅牌獎呢！

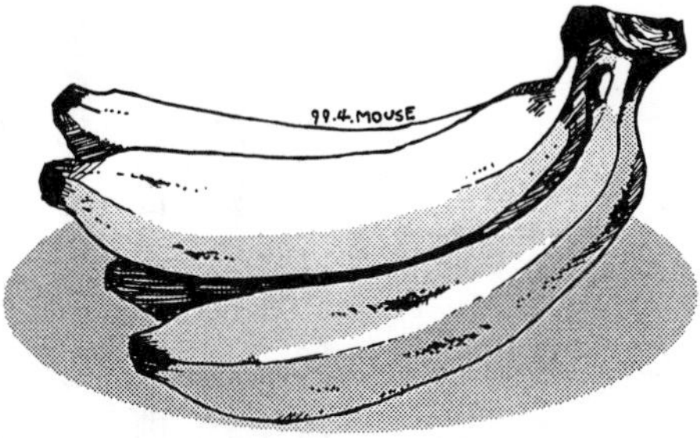

「如果大家不健忘的話，歷年的暢銷水果排行榜，是我們西瓜榮登榜首吧！

「西瓜很容易栽培，只要氣溫高、土壤屬於沙質，就能存活，就算是沙石遍布的乾河床地也有我們西瓜的足跡。從播種、發育、成熟、採收，只需要三個月的時間，台灣中南部因為氣候炎熱，所以在台灣一年四季都可生產西瓜。關於這點，六月鳳梨怎麼比得上我們啊！」

香蕉等了很久，終於等到西瓜把話說完，他覺得靜靜聽別人說話也是一種禮貌。香蕉說：

「總算輪到我了。我想說的是，鳳梨外表美麗，西瓜內在渾厚，都比不上有著婀娜多姿身材，既珍貴又平易近人的香蕉。我們有豐富的蛋白質、澱粉、維生素A、B、C，可以幫助消化。在北方，香蕉可是有錢人

・形狀類似下弦月的香蕉，形狀也像弓，所以又叫做芎蕉。南部香蕉以高雄、屏東為主要產地，產期在五、六月，大多外銷日本。中部則以台中、南投為主，七至十一月為盛產期，以供應台灣內地市場為主。

家才吃得起的水果。在日本是最高級的水果，他們不是一根一根大口大口吃，而是切成一小片一小片，用叉子慢慢品嚐的。

「還有，我們爲台灣賺取了大筆的外匯，是國家的大功臣，這點是不容抹煞的。一九六〇年代，我們曾爲台灣締造香蕉王國穩固的地位。」

鳳梨跳出來說：「嘿，香蕉，一九七〇年代以後，因爲政治的捲入，香蕉王國的美名已經褪色了，香蕉生產沒落了，蕉農一個個的轉行，你已經失去『果王』的資格了。」

「現在的香蕉物美價廉，最受台灣人歡迎，我就不信現在有誰能抵擋得住香蕉的美味。倒是你，一天到晚酸溜溜的，又全身都是刺，讓人難以親近，有資格當果王嗎？」香蕉不甘示弱的反唇相稽。

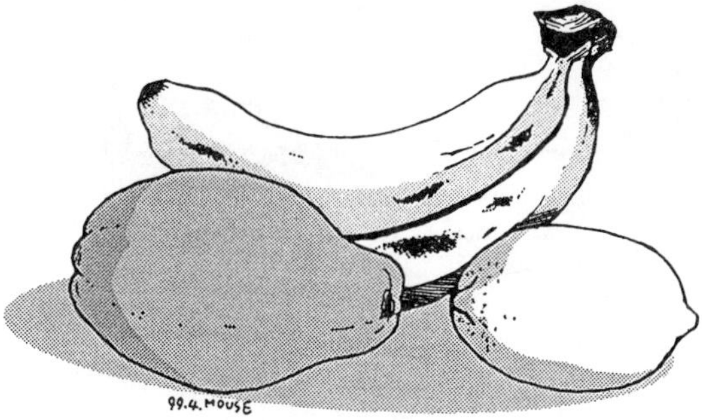

「那些刺代表的是威嚴，一國之君又豈是凡夫俗子能輕易碰觸的？」鳳梨尖著嗓子說。

西瓜看不慣鳳梨目中無人的囂張，也「滾」出來說話：「眞正的君王是具有親和力的，而不是滿身亂七八糟的刺，將人阻隔在外。說到親和力，又非我莫屬。」鳳梨、西瓜和香蕉因爲爭執不下，一陣打鬧推擠之後，通通滾落櫃台，摔落地面，爛了。爭吵也停止了。

一個西裝筆挺的男士經過這個攤位，皺起眉頭：「這是誰的攤位呀！水果都爛掉了還不換掉，難看呀！快快換新鮮的水果來。」

被搬下櫃台的水果們，沒多久就被工作人員當點心吃了。

始終默默在一旁觀察的木瓜對蘋果說：「爭什麼呢？每一種水果各有特色，口味也不同，亞熱帶地區的

水果多得不得了！你看，龍眼、荔枝、水蜜桃、柑橘、芭樂、柚子、甘蔗、釋迦……，不勝枚舉，就是這些水果讓台灣成爲水果王國的，每一種水果都有功勞，又何必爭誰是果王。有特色的水果就是好水果。」

「你的特色是什麼？」蘋果問。

木瓜沈吟了一下，說：「木瓜牛奶。你的特色呢？」

「蘋果西打。」蘋果毫不考慮的說。

白甘蔗和紅甘蔗

白甘蔗和紅甘蔗是台灣目前栽種的兩大品種。白甘蔗的莖稈呈綠白或淡褐色，稈細而皮硬，水分少，糖度高，主要是用來製糖。白甘蔗製糖後剩下的殘渣，可用來造紙、製板。紅甘蔗的莖稈呈紅褐色，稈粗而皮脆，水分多，糖度低，適合啃食或榨汁飲用。

・台灣糖廠目前全台只剩下十六家，內銷總產量約五十萬公噸。

「阿爸，我們的田可以種甘蔗試試看嘛！你看，鄰村的阿旺種甘蔗批發，自己還兼著到市場賣甘蔗汁，聽說賺了不少錢耶！」農校畢業的阿國，退伍後的第一天向他父親陳志提出建議。

陳志看看阿國，現在年輕人願意留在農村的已經不多了，如果這時候告訴他，祖先交代不准種甘蔗，對他也是一種打擊吧！時代不一樣了，這是個產銷自由的社會，只要認眞工作，種甘蔗也能開創出一片天空的。

「你想種就去試試吧！」陳志說。

阿國在當兵的時候就認眞的研讀了一些關於甘蔗栽培的書，準備退伍以後可以大展身手，畢竟父親已經年邁，田裡的活對他而言顯得吃力了。

阿國告訴父親，現在糖廠已經從國外進口粗砂，再製成精糖，物美又價廉，台灣的糖業就要沒落了。沒有

•清光緒三十一年（西元一九〇五年）台灣糖農經營的糖廍有一千多個，十二年後，只剩下六十幾個。取而代之的是日本人的新式製糖廠，截至日本戰敗前，總計有四十五個糖廠，分屬台灣製糖、日糖興業、明治製糖及鹽水港製糖等四大株式會社。戰後，由台灣糖業公司接收繼續經營。

多少人願意種白甘蔗了，倒是紅甘蔗的前景看好。甘蔗原產於熱帶，是熱帶與亞熱帶栽培最普遍的糖料植物，主要是提煉甘蔗莖內所含的糖分，作爲糖果、飲料、果汁、蜜餞等食品加工利用。

白甘蔗和紅甘蔗是台灣目前栽種的兩大品種。白甘蔗就是所謂的竹蔗。白甘蔗的莖稈呈綠白或淡褐色，稈細而皮硬，水分少，糖度高，不適合啃食，而適合用來製糖，每年的糖產量高達幾十萬公噸以上。白甘蔗製糖後剩下的殘渣，可用來造紙、製板。紅甘蔗的莖稈呈紅褐色，稈粗而皮脆，水分多糖度低，適合啃食或榨汁。

「你很用功喔！但是你一定不知道日治時代蔗農種甘蔗的故事。」陳志娓娓道出那段歷史：「這是我阿爸說的，我小時候有些模糊的印象。父親說這一帶蔗田裡的甘蔗，都是從我們這一甲地的甘蔗生出去的。我們祖

先從唐山到台灣時，在隨身的包袱裡放了幾節莖上長著芽的蔗苗，渡過了黑水溝，來到彰化拓墾。那幾根蔗苗，在兩、三年內小兵立大功，發展成今天這一甲地的規模。

「日本人來了以後，發現台灣不僅土地肥沃，氣候適宜，所生產的甘蔗不但肥碩，甜度高，爲了令國內精製糖業升級，以及解決國內砂糖的不足，決定發展台灣糖業，於是從夏威夷引進新品種玫瑰竹蔗，就是白甘蔗。日本政府爲了節省人力增加產量，還引進了全套採收機器，增建新式糖廠。

「以前，就是日本人還沒來之前，這一甲地一年生產四萬斤的甘蔗，收入雖然不多，但是一家七口人日子過得還算溫飽。自從日本人來了之後，生活完全變了一個樣了。日本人爲了壟斷台灣的糖業生意，開始循序漸進的控制蔗農，強迫我們加入會社，成爲實質上的佃農，所生產的甘蔗由日本人統一收購，蔗農不能拒絕收購價格，也不能隨意尋找買主，就連肥料也是採用配給的方式。日本政府在收購甘蔗的時候，不僅偷斤減兩，規定價格，讓蔗農血本無歸，爲了買肥料，還負債累累……

「憤慨的農民成立『二林農民組合』時，許多蔗農都加入了。但是幾次的農民大會，向會社爭取提高收購價格並公布蔗價，卻都失敗了。農組幹部於是要求所有的農民在未公布蔗價以前拒絕採收。沒想到，會社卻派人擅自到農民的蔗田裡採收甘蔗，與前往阻止的蔗農發生嚴重衝突，阿公和阿爸在氣憤中也跟著其他農民拿起割斷的甘蔗及石塊，扔向會社職員，造成多人受傷，一直到有日本人拔出劍來抵抗，農民才散去。

• 一九二五年十月二十二日，蔗農為了爭取權益，爆發「二林事件」，可說是台灣農民運動的里程碑。

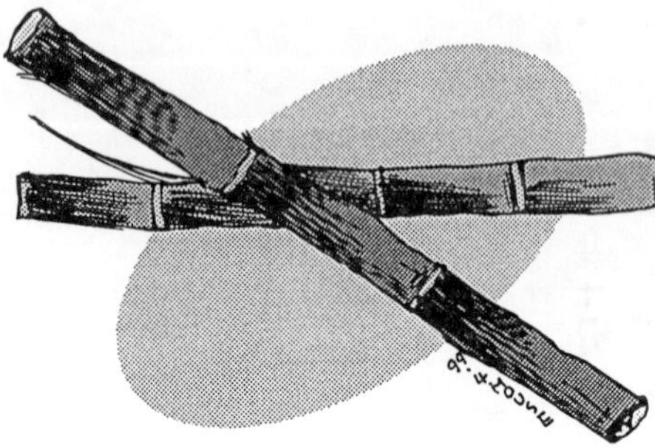

「第二天，數百名巡查來到二林庄，抓走了九十三位農民。我阿爸和阿公也被抓走了。兩人被打得遍體鱗傷的回來。

「阿公一度興起不再種甘蔗的想法，阿嬤卻在一旁憂心的說：

『我們欠會社這麼多錢，一旦不種了，他們會不擇手段的來討債呀！』

「在萬般無奈的情形下，阿公繼續在這片土地上種著甘蔗，日子從整地、種苗、施肥、種植、防治病蟲害、中耕除草、培土、去敗葉、灌溉排水、採收、去葉、去尾……，前後花了十四個月，卻只賺進少許的錢。阿公在過世前特別叮囑孩子們：『我們這塊田，不可以再種甘蔗了。人人都在說，第一憨，種甘蔗乎會社磅，第二憨，替人選舉運動。我們不要再做憨人了。』

「後來我阿爸和叔叔們跟其他親戚借了一些錢，還了積欠會社的肥料錢及貸款的錢。他們開始遵守阿公的遺言，不再種甘蔗了。」

阿國聽得津津有味，原來甘蔗還有這段歷史。

「但是，時代不同了，現在可以自由買賣了呀！何況，現在的人注重健康保養，像甘蔗這樣好的食品，會有市場的。」阿國這樣安慰父親。

「好，就這麼決定，到時候我做你第一號幫手。你不要以爲阿爸老了，身手還是很靈活的。」

父子倆相視而笑。

・台糖小火車又稱為五分子車，鐵軌只有五公分寬，因為運貨車廂多，行進的速度相當緩慢。早期的農村孩童少有零食可吃，每當台糖小火車經過，孩童們就會追火車，抽幾根白甘蔗吃。

高高的樹上採檳榔

檳榔原產於馬來西亞及菲律賓。日治時代，日本政府嚴禁食用，也限制農民栽種，因為人們嚼食檳榔後，亂吐檳榔汁會造成環境髒亂。但是台灣光復以後，檳榔事業又開始蓬勃發展。在利潤驚人的情況下，台灣農民大量栽種，從平地種到山坡地，對水土保持的危害甚大。

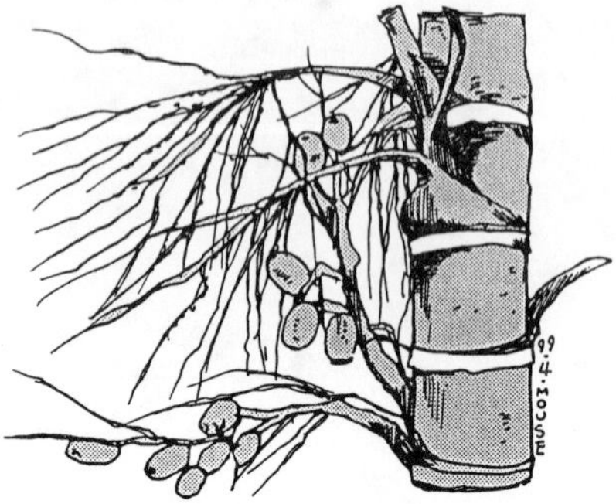

•檳榔俗稱為青仔，也有人稱它為「菁仔叢」。

老農最喜歡的季節，是檳榔花吐蕊綻放的季節，每年六、七月的時候，檳榔花芳香四溢，聞起來令人心曠神怡。老農種植了好幾公頃的檳榔，檳榔的經濟效益高，這些年檳榔帶給他的利益，讓他日子過得富裕，孩子們也順利成長完成學業。

有一天晚上飯後，老農與在學校教書，因爲放暑假回到鄉下過暑假的孩子，一起喝茶、聊天、看星星，孩子突然對他說：

「阿爸，我們可不可以不要再種檳榔了？」

老農愣了一下，疑惑的問：「你爲什麼有這樣的想法？我種檳榔至今已經快六十年了，從十幾歲就跟著你阿公種檳榔了。」

「阿爸，檳榔害很多人得到癌症……，政府也不鼓勵農民種檳榔……，我自己是老師，都不知道用什麼方

式請學生回去勸導自己的父母親不要吃檳榔……」

「你說這什麼話？叫我不要再種檳榔，那我要種什麼？我只會種檳榔。」

老農震怒，他原想將這片產業移交到孩子手上的，沒想到孩子竟然怨起他來了，還有這片餵養他長大的「青仔」……。孩子是在指責他種的檳榔害死很多人是嗎？他不想想是這片檳榔供養他長大，完成學業的，現在竟然要求他不要再種檳榔了？這孩子眞教人失望啊！

看見父親這麼生氣，孩子也沈默了下來。他不是對檳榔沒有感情，檳榔樹挺直俊秀的模樣，檳榔花淡雅的芳香，那是鄉愁哇！小時候，讀到傑克的豌豆這篇童話，他還認眞的告訴父親，如果沿著筆直的檳榔樹可以爬到天上去，雲的後面有大巨人和金雞蛋喔！當時父親的臉笑得就像盛開的檳榔花。

・以栽種的面積看來，檳榔的成長早已超越了香蕉、鳳梨等水果。

父子倆不歡而散。老農賭氣，一整個晚上鎖在房裡不出來。

老農在種與不種的矛盾間，緬懷過去。

檳榔原產於馬來西亞及菲律賓，十七世紀經荷蘭人引進台灣。日治時代，日本政府嚴禁食用，也限制農民栽種，不准人民設攤販售，並且砍掉田間鄉野的檳榔樹林，因爲日本政府非常痛恨人民在嚼食檳榔以後，亂吐檳榔汁造成環境髒亂。但是台灣光復以後，檳榔事業又蓬勃發展起來。在利潤驚人的情況下，台灣農民大量栽種，從平地種到山坡地。

記得他曾經參加過一個魯凱族朋友的婚禮，朋友曾經告訴他，檳榔是原住民生活裡祭祀或者婚禮中不可或缺的東西，所以，他就帶了一大串的檳榔去作賀禮。

在農會上班的朋友告訴過他，檳榔果粒中的胚乳是

・檳榔的壽命相當的長，一棵檳榔通常可以活個六、七十年。其中第十五年到三十五年是產量最多的時期。

製牙膏和牙粉的原料，果實敲破之後煮水喝，還可以驅逐體內蛔蟲呢！檳榔本無害，壞就壞在人類嚼食時所加入的石灰調味料，那才是傷害牙齒和口腔的罪魁禍首。

老農翻了個身，閉上眼睛，心中有了主意。

第二天中午，一家人坐在客廳看電視，電視出現一則關於檳榔的廣告，意思是勸大家不要再種檳榔了，不僅破壞山坡地又危害人體健康。這個廣告，看得父子倆尷尬萬分，老農索性站起來，拿了頂斗笠出門去了。

老農來到他的檳榔園，撫摸著一棵棵的檳榔樹幹，一棵小檳榔樹種到土裡，至少要花上八到十年的時間，才會開花結果，結出纍纍果實。這些檳榔樹已經五十多歲了，像他的老朋友一樣。話又說回來，這些老朋友也確實老了，結出來的果實品質也差了許多了。雖然如此，要砍掉它們，還是捨不得呀！

・每株檳榔只有一個頂芽，採下頂芽，這株樹就不能再萌芽成活了。頂芽又稱為半天筍。半天筍往往是在颱風吹倒了檳榔樹之後才有得吃，而且價格奇貴。

你看，樹上一叢叢的白花開得有多美，這花香不是其他香水所能取代的呀！

從開花到採收需要四到五個月的時間，一棵檳榔可以開出三至四穗的花，一穗大約可以結出四、五百顆的檳榔。冬天的時候就可以採收了。

孩子不願意接下這片檳榔園，自己也沒多少力氣再做這樣的活了。孩子說的也沒錯，電視上播出來的那些罹患口腔癌的照片，的確是令人怵目驚心。等這季的檳榔採收了，收起這片檳榔園吧！種什麼都好，就種些蔬菜吧！喔！對了，檳榔的頂芽心部，一般人稱爲半天筍，還可以賣得一些好價錢呢！這些筍燉排骨湯，是清涼降火的美味佳肴呢！

做了決定之後，老農的心情與腳步都感到輕鬆。回到家後，兒子一臉歉疚的迎向前去：

•一九二一年，全省檳榔的栽培面積只有六百三十九公頃，種植株樹有十點八萬株，生產四千九百五十六公噸。一九九七年，全省種植面積已達五萬六千五百四十二公頃，株樹有八千六百二十二萬株，生產量達十五萬六千二百零七公噸。

「阿爸，如果你還想繼續種檳榔，我沒有……」兒子覺得自己提出的要求帶給父親很大的痛苦，他決定要讓步了。

「如果，我們把這片空地整理出來，種些檳榔下去，好不好？否則，沒有了檳榔園之後，就再也聞不到檳榔花香了。」老農指著屋旁的空地說。

「阿爸。」兒子欣喜的叫了出來。他多麼期待屋旁馬上就出現一排整齊的檳榔樹哇！

99.4. MOUSE

菸樓與菸草田

菸草是一種特殊的植物，植株含有特殊的尼古丁成分，能帶給人類某種刺激或調節情緒的作用。人類吸菸的習慣是在新大陸發現以後被傳播開來的。早期傳統烤菸的菸樓已不多見，因為菸農們紛紛改建電腦全自動化的烤菸室。

・菸葉也算是客家文化的一環，因為台灣種菸葉最多的地方是在客家聚落，例如高雄的美濃鎮，花蓮的鳳林、光復、瑞穗、玉里、富里，台東的池上、關山、鹿野等地，都能找到烤菸樓的身影。

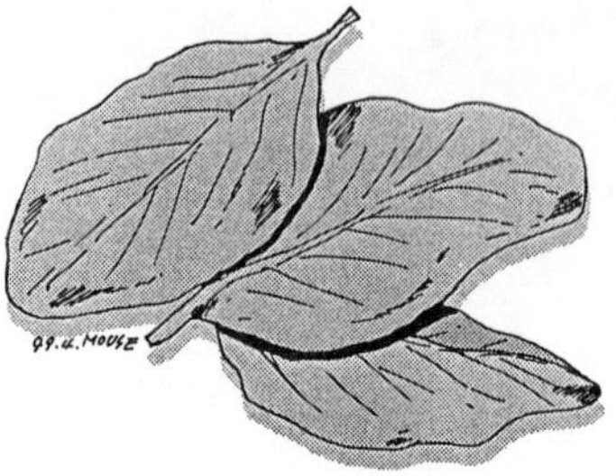

我是一座菸樓，一座很舊很舊的菸樓。我今年三十歲，如果我還能像以前那樣活動筋骨，讓熏烤菸葉的煙霧瀰漫，我估計我還有另一個三十年。但是，今天，是一個特殊的日子，我要走入歷史了，我的身旁矗立著一棟嶄新的電腦自動化的烤菸室，他讓我看起來又拙又蠢，彷彿是黑白和彩色照片的強烈對比。我知道我就要走進歷史了，以後，蜘蛛、蟑螂、螞蟻和蛀蟲將快速的將我推向毀滅。現在支持我的，是那段輝煌又燦爛的記憶，回憶，是我現在唯一能做的事。眼前是一片綠油油的菸田，以前，我也常常這樣俯視菸田，看著菸草從幼苗到成熟。菸草是一種特殊的植物，植株含有特殊的尼古丁成分，能帶給人類某種刺激或調節情緒的作用。

人類吸菸的習慣是在新大陸發現以後被傳播開來的。菸葉來自美洲，十五世紀的時候，哥倫布發現美洲

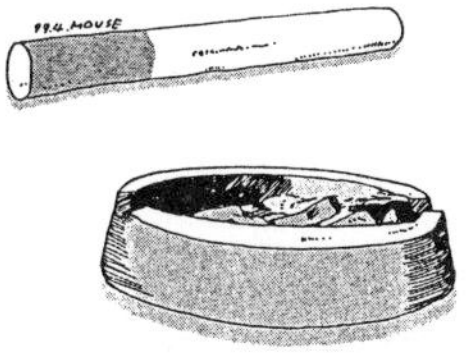

• 草本植物是指莖內木質部不發達，莖幹柔軟，植株較小的植物的總稱。另外，莖的地上部在生長季節終了時，多已枯死。根據植物全部生命過程，可分為一年生草本、二年生草本或多年生草本。

大陸後傳播到世界各地，已經有五百年歷史了。說實在的，吸菸對人類的健康而言，是一點好處也沒有，但是，菸這東西，彷彿具有魔力一般，讓凡是吸過它而意志力不堅定的人，便會像著了魔般的愛上它。

長久觀察這些有著寬寬葉片的菸草，已經成爲一種習慣，我知道什麼季節該種下幼苗，什麼時候是菸草的收割期。同一片菸葉，在不同生育期所含的植物鹼尼古丁，也有著相當的變化；例如，生育初期含量較低，隨著植株的成長而逐漸提高，成熟時達到最高含量，然後又逐漸減少。菸草早期曾作爲藥用，但是現在主要的用途是加工成各種菸葉製品，供人類吸用。

菸草是一年生草本植物，每年九、十月間，農民種下菸苗後，隔年一、二月間就可以採收了。你曾仔細觀看菸葉的形狀嗎?它的葉片是寬橢圓形的，開花的時

• 坡度不大的山麓地、舊河床及兩岸的傾斜地，有水源與灌溉設施，以及一般旱田或排水良好的水田，都可以栽種菸草。

候，花冠呈淡紅色，長漏斗形。

菸苗收割後，要用帶線的竹竿將一片一片的菸葉串起來，一串串的掛入菸樓裡，把所有的門、窗關閉，再生火熏烤。菸的品質的好壞，全繫在熏烤的技術上。大約花上一個禮拜的時間，日以繼夜的守候在爐火邊加柴火，直到把青綠色的菸葉熏烤成金黃色，接著取出壓包、分類、包捆，然後賣給公賣局，加工製造香菸。這項技術全靠純熟的技術拿捏，如果不愼將菸葉烤焦了，就賣不到好價錢。

到了菸葉採收及熏烤的季節，總有許多人拿著相機來，等著捕捉濃濃的煙從大煙囪裡，以曼妙的舞姿湧出來的鏡頭。眞懷念那段時光，當時我還是大家爭相拍照的主角呢！

所有的事物跟人一樣，如果不經常運動，身體就會出現許多毛病，好好的一棟菸樓，再也沒有煙從大煙囪飄出，再也不必熏烤菸葉，再也沒有人忙進忙出的，那麼充其量，我不過是座廢墟罷了！

隨著科技的發達，農家相繼的改建全電腦自動化控溫的烤菸室或乾燥室，有了自動化設備，菸農們終於輕鬆了，再也不必在生了火之後，一天二十四小時全天候的守候火候了。

兩年前，隔壁林家的菸樓改建成住家，種了十幾年菸葉的菸田也改種蔬菜。

自從他們家的主人因爲肺癌過世後，他們就不再種菸草了。他們還不斷的勸阻鄰居，不要再種了，吸菸會引發各種嚴重的疾病。但是，要這些種了幾十年菸葉的菸農改行，還眞是一件困難的事。根據統計，吸菸的人得肺癌的比率是不吸菸的人的二十倍。唉！吸菸這回事

・香菸裡含有四千種化學物質，其中對身體有害的約有兩百種，以尼古丁、焦油和一氧化碳最具代表。剛開始抽菸的人，都會有頭暈與咳嗽的症狀，這就是尼古丁在人體內發生了作用，一旦吸食成癮，當體內尼古丁不足時，就會顯得焦慮、不安，得再抽菸補足尼古丁後，才會覺得舒服。

・肺部吸收了尼古丁之後，只要七秒鐘的時間，就會到達腦部。

……該怎麼說呢，我只是一棟菸樓，能有什麼意見呢！

「快呀！快看，是一棟菸樓耶！」一部紅色的車子在我的腳邊緊急剎車，一個年輕人走出車門大叫著。接著從車子裡走出三個年輕男女。

「繞了半天，終於找到了。」

幾個年輕人拿著相機對著我，前前後後拍了好幾張照片。我挺直身軀，得意的擺出最佳模特兒的姿勢，讓他們捕捉我最美的剎那。

「剛剛那個阿伯說，趕快多拍幾張，不然明年再來就看不到了。」

「對呀！這座菸樓就要拆掉，準備蓋一棟新房，因爲他兒子明年要娶媳婦了。」

聽到這句話，我的心瞬間跌到了谷底，好像一個得了絕症的病人，聽到醫生對他的生命宣判：「你只剩下三個月的生命。」

生命曾經燦爛，就已經足夠，何必苦苦留戀呢！時代的潮流，誰也沒有能力去阻擋的。

• 一四九二年八月，哥倫布率領了三艘船、一百二十名船員，從西班牙巴羅斯港啟航，往西邊航行。在第七十一天的時候，終於登上陸地。當時，歐洲各國只要率先發現地圖上尚未記載的新島嶼，可立即發布宣言，該島嶼就被承認為該國的領土。於是哥倫布將該島嶼取名為「聖薩爾瓦多」。這是發現美洲新大陸的開端。哥倫布在登陸聖薩爾瓦多島時，送給當地土著玻璃珠和鏡子當禮物，酋長回贈蔬菜和一種帶有強烈氣味的香菸葉子，當地居民在捲好的乾燥香菸葉上點火，吸它的煙。於是哥倫布帶著這個被當做珍貴嗜好品的香菸，繼續航行，也將吸菸這種嗜好，帶到世界各地。

99.4.MOUSE

客家醃菜

早期的客家人大多住在偏遠的山腳下，逢年過節才會到大老遠的市集或城鎮買食物，一買便買了好幾天的分量，當時又沒有冰箱，東西容易壞，所以，客家生活裡，就出現了很多「鹹豬肉」、「鹹魚」、「醬冬瓜」、「菜脯乾」等製品，這些東西最大的特色就是「鹹」。

・客家人大多住在山邊，距離海邊較遠，要吃魚類海鮮較困難，通常會購買一些魚類用鹽巴醃藏起來；客家人口味重，喜吃鹹，以前沒有冰箱的時代，在做醮或大拜拜後，也會用鹽巴將過剩的豬肉封藏起來，爾後再取出煮食，香味獨特，是外出遊子最為想念的家鄉味。

勤妹在菜園裡拔著芥菜。下個月兒孫們就要回來，他們還打電話特別交代，這趟回來要帶一罐阿嬤做的鹹菜乾回去。

勤妹嘴角露出笑容，對於兒子到台北住了十幾年了，還念念不忘媽媽的拿手菜感到欣慰；更讓勤妹得意的，就連兒子的同事，都對她的「鹹菜剁豬肉」這道菜讚不絕口，時時掛在嘴巴上，說要找個時間專程來解解饞。

一個脖子上掛著相機的年輕人出現在曬穀場，露出一臉的笑容對勤妹說：「阿婆，旁邊菜園裡的芥菜是你們家的嗎？」

「是啊！是我種的。你有什麼事啊？」勤妹直起身子回答。

「我是做那種田野調查的啦！我想拍一些製作客家

• 芥菜是十字花科蕓苔屬，一年或兩年生草本植物，別稱刈菜、大菜、芥菜葉、雞冠菜。本省一年四季都有生產，盛產期為秋、冬季，以食用葉為主，適合炒食、鹽漬雪裡紅，做成鹹菜或曬成鹹菜乾。

醃菜的照片和方法，有人跟我說有一個叫做勤妹的人住在這裡，她是這附近最擅長做各種醃菜的。所以我就來了。」

「呵呵呵。」勤妹聽見這樣的讚美，開心的笑了起來。「七十多歲囉！種種菜、做做醃菜，打發日子而已啦！」

勤妹心裡可得意了，做鹹菜的技巧許多人都會，但是要做出道地的、有特色的口味就不是那麼容易了。

「我可以拍照片嗎？」年輕人謙虛的說。

「隨便你啦！」勤妹對年輕人說：「芥菜已經成熟了，芥菜炒成青菜口感不好，孩子們從小到大都不愛吃，不過種這芥菜是要拿來醃成鹹菜的。」勤妹拔起一棵棵的芥菜，然後用小鐮刀削去帶土的莖部，將芥菜放在大水盆裡清洗後，一棵棵擺在曬穀場曝曬，勤妹仰起

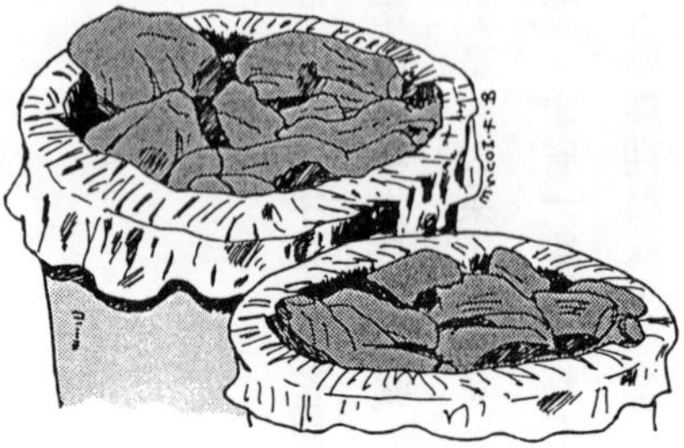

頭看看天空，微微的陽光懶懶的照著大地，這幾天天氣都不錯，曬個兩天就夠了。年輕人拍下了勤妹的每個步驟。

勤妹搬了兩張板凳，和年輕人坐在屋簷下，視線停留在還滴著水珠的芥菜上。年輕人對勤妹說，他最喜歡吃的一道菜就是「梅干扣肉」。勤妹告訴年輕人「『梅菜』其實就是鹹菜，鹹菜還分爲『水鹹菜』和『乾鹹菜』兩種，水鹹菜是有水分的，帶有一點酸味，一般叫做『酸菜』，色澤以黃得發亮的最好，水鹹菜一般用來煮湯。

「客家人是比較晚到台灣的一群，到台灣之後發現肥沃的平原土地，都已經被閩南的漳州及泉州人開墾了，所以只好選擇靠近山的山腳下拓墾。因爲地處偏遠的關係，這些客家人逢年過節才會到大老遠的市集或城

•「客家」意思是以客地為家。客家族群原是中原漢族的一支，從五胡亂華開始，居住地被胡人占領之後，開始南遷，接著一連串的兵荒馬亂，使得客家族群不斷南遷，最後居住在廣東一帶。清朝，有些客家人再度遷移，渡過黑水溝，定居在台灣的桃園、新竹、苗栗、高雄、屏東等地。

鎮買食物，一買便買了好幾天的分量，當時又沒有冰箱，不是鹹的東西就容易壞，所以，客家生活裡，就出現了很多『鹹豬肉』、『鹹魚』、『醬冬瓜』、『菜脯乾』……，這些東西最大的特色就是『鹹』。別小看這些東西，它們是最下飯的食物呢！客家人因爲從事勞力的工作，要流很多汗，所以需要吃鹹的食物。」

年輕人拿著筆記本拚命的寫著。勤妹覺得有人愛聽這些老故事，她覺得很高興，所以又口沫橫飛的說著：

「幾十年以前，生活很苦，爲了養活一大家子幾十口人，所有的土地都用來生產主要的糧食——水稻和地瓜。只留下少部分的土地種植蔬菜，因此蔬菜需求量往往不足以應付，所以我們就利用稻作收成後的空檔，大量種植蔬菜，以芥菜、蘿蔔和瓜類爲主，收成後加以醃製保存。芥菜可以製成酸菜，蘿蔔可以做成蘿蔔乾，這

些用大量的鹽醃製加工的食品，成爲早期客家農村社會裡餐桌上最常見到的菜肴。」

「這些芥菜要怎麼做成鹹菜呢？」年輕人問。

「芥菜曬一天陽光，讓水分散去後，當晚放在甕裡，灑上些許開水及鹽巴，進行搓揉，讓芥菜變柔軟，最後用一塊大石塊壓在上面，約四、五天以後，芥菜顏色變黃，酸味出來就可以了。如果要做乾鹹菜，就要在太陽下曬，曬到水分完全散去，變成黑黑乾乾之後，就可以綁成一小捆一小捆收藏起來了。」年輕人做完筆記後說，他就住在附近的旅館，晚上會過來看勤妹醃製菜乾。接下來的幾天，年輕人每天都來和勤妹聊天，勤妹搬出所有裝著鹹菜的瓶瓶罐罐，讓年輕人拍照。

「阿婆，你的手藝有沒有傳給你的孩子？」年輕人問。

「年輕人不喜歡學這些東西啦！他們都去學鋼琴、學跳舞，想起來也是有點可惜喔！等我走了以後，這些手藝也會跟著我走了，以後，孩子們想要吃媽媽口味的『鹹菜剁豬肉』就很難了。」勤妹的臉上有一絲淡淡的憂愁。「現在的孩子不會做粽子，不會打粄（做年糕），什麼都不會囉！」

「不會啦！我現在在做筆記，以後出書了，你的手藝會流傳很久很久喔！」年輕人安慰勤妹。

「眞的呀！如果眞那樣就太好了。今天留在這兒吃飯，我做那道『鹹菜剁豬肉』請你吃。」勤妹拿出鐵鉤，從細長的玻璃瓶裡勾出乾鹹菜。有人欣賞她的手藝，眞是件令人開心的事。

99.4.MOUSE

中國的母親花——金針花

以前，金針的品種只適合種在寒冷的高海拔地區，經過農業改良場的研究，金針終於走下山來了。目前台灣有五個新品種，分別是千鶴、紅鈴、粉黛、黃玉和紫后。這些花在平地都可以開花，花色鮮豔、抗旱性強，也可作為插花的花材，葉片有觀賞價值，還有黃花會散發香氣，花期很長。

・金針花是多年生宿根的草本植物，屬百合科。它的花朵有開一日就凋謝的特性，在西方社會俗名就叫做「一日美人」。

箱型車一路蜿蜒巔簸在山路上，一個一百八十度的急轉彎後，一個陡直的上坡，讓我們個個嚇得驚聲尖叫，冷汗直冒呢！有些同學還因此暈車。

我們的目的地是位於玉里鎮赤科山上的金針花園，那是汪學文家的金針園，他爺爺在海拔八百公尺左右的赤科山上種了幾十公頃的金針。

「你喝過金針排骨湯嗎？也許喝過，但是，你看過一整個山峰盡是黃閃閃的金針花嗎？也許沒有。那眞該去瞧一瞧，花蓮玉里鎮的赤科山，每年自中元節至中秋節這段時間裡，整座山頭金光燦爛，沈浸在這片美景，令人身心舒暢，置身於這片黃金般的國度裡，你會以爲自己是尊貴的王子或公主。」

就是汪學文的這段話，讓我們嚮往不已，迫不及待的籌畫這次的秋季郊遊。終於到達目的地了，暈車的同學衡出車外，誇張的深呼吸：

「天哪！坐了一世紀的車終於到了，再晚一秒鐘，我就要吐了。」

哇！一大片金黃色的金針，在微風中搖擺，在陽光的照射下，黃閃閃的，美麗極了。我蹲下來仔細的觀賞金針花。怪了，這一片金針都只是花苞，還沒盛開呢，是不是我們來得太早了，也許金針還要幾天以後才開花呢！我把疑問告訴了汪學文。他說：

「金針的花蕾如果張開了，就沒有價值了。金針的採收必須在清晨的時候進行，採的是含苞待放的花，如果未能及時採收，第二天會因爲花苞盛開而無法加工。所以我們都得趁著花蕾未開前趕緊採摘。如果你要看盛開的花，我帶你去。我們留著一小圃金針讓它開花，給遊客觀賞用的。」

喔！原來如此。

赤科山的金針進入盛產期，許多戴著斗笠圍著頭巾的婦人，正在金針園裡忙著採摘金針。還有幾個背著相機及角架的攝影愛好者，也穿梭在小徑裡，忙著捕捉金針花海壯闊的美景。

「金針是從哪裡引進來的？」我又提出疑問。

這回汪學文可被我問倒了，他衝回住家大聲的向爸爸求援。汪伯父笑咪咪的從屋裡走出來，汪伯父的臉好黑呀！一定是終日在陽光下工作的關係。

「金針花是在十七世紀從中國引進來的。那時候的品種只適合種在高海拔冷涼的地方，十幾年前如果要看金針，要到高山上才看得到。後來經過農業改良場的研究，金針終於能在中低海拔生存下來。現在即使是平地也看得到金針了。」汪伯父還說，目前台灣有五個新品種，分別是千鶴、紅鈴、粉黛、黃玉和紫后。這些花花色鮮豔、抗旱性強，可作爲插花的花材，葉片有觀賞價值，還有些花卉會散發香氣，花期很長。

「你們知道母親節的時候都會配戴康乃馨，那是西方傳過來的習俗。在中國的社會裡，金針才是母親花，金針的古名叫『萱草』，而萱則代表母親。每年的五月，只要你留意，也可以發現在平地盛開的金針花了。」

汪伯父還帶我們到屋裡參觀金針加工的過程。汪伯父說，在人力缺乏的情況下，金針的加工方式也較以往有所不同。採收下來的金針得先放在泡有二氧化硫的桶子裡進行「殺青」，再取出來曬陽光，這樣較省時省力，不僅保留了金針的色澤，而且增加了金針的脆度。金針浸泡二氧化硫，有保鮮與儲存耐久的效果，在安全

•金針花花色豔麗，適應環境的能力很強，品種多達一萬八千多種，所以又有「窮人蘭花」的稱號。

用量的範圍內，使用是合法的。汪伯父特別交代，烹調前，爲避免二氧化硫殘留，要先用溫水浸泡，然後用滾水燙過再下鍋，就沒問題了。

我們像花蝴蝶一樣，穿梭飛舞在金針花海裡，這裡的一切都這麼新鮮有趣。看見採金針的人紛紛躲在樹蔭下吃便當，才發現原來已經正午了。汪媽媽端出一大鍋熱騰騰、香噴噴的金針排骨湯請我們吃。

「根據《本草拾遺》及《本草圖經》這兩本書的記載，金針可以涼血，治水腫、小便不順、黃疸和便血，據說對抗結核病也有效哩！所以多吃金針，有益健康。」

我們在樹蔭下一碗接一碗的吃，好過癮呢！吃過飯，我們坐在樹蔭下閒聊，一陣陣涼爽的風不斷的吹來，令人心曠神怡。汪伯父看著他的金針園，語重心長

•將金針從高山上請下平地的大功臣，是任職於台東區農業改良場的李善枕先生。

的說：

「除了玉里的赤科山，以及花蓮縣富里鄉的六十石山之外，台東太麻里也種植了一大片的金針。不過，近年來，廉價的大陸金針不斷的傾銷到台灣，對台灣的金針市場造成很大的衝擊，加上採收期工人難找，金針的栽培面積是一年比一年少了。」

原來在這麼漂亮的金針花背後，也埋藏著許多經營者不爲人知的辛酸呢！

在離開前，汪學文發給我們一人一個塑膠袋，要我們採些金針回去煮湯，當做紀念品。我沒有採金針，只採了一朵帶著幾片葉子的金針花，我要把這朵花送給媽媽，並且告訴她今天赤科山之旅的故事。

美麗的小洋傘——香菇

台灣的香菇栽培有兩種方式：一是段木栽培法，以鑽孔器在原木上鑽出小孔，再將菌種植入小孔，菌絲會逐漸侵蝕原木，充分繁殖後，便可產生香菇。二是太空包栽培法，這是經過改良的方法，將木屑混合米糠等材料，裝入塑膠袋來栽培香菇，從殺菌、接種，半年後就可以長菇了。

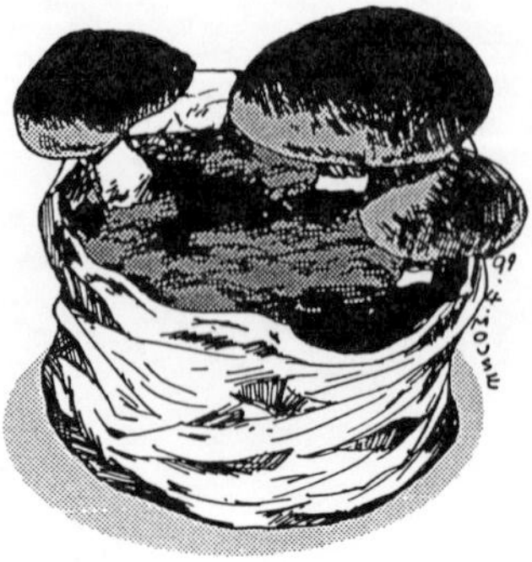

・香菇是主要的食用菇類之一，屬於松茸科，孢子菌類。

「阿強，跟爸爸到菇舍去幫忙。」

阿強嘟起嘴角滿臉不高興：「可不可以不去呀！我有很多功課要寫耶！」

「每次叫你到菇舍幫忙你就推三阻四的，你是吃香菇長大的，對香菇卻一問三不知，你不覺得慚愧嗎？」阿強的父親對阿強缺乏學習的態度感到生氣。

阿強心不甘情不願的坐上父親的貨車，菇舍裡有一股濃濃的像什麼東西發霉的臭味，阿強總覺得自己在那樣的空間裡，待上一分鐘，就有要窒息的感覺。

阿強的父親種植香菇已經十年了，菇舍裡擺了幾千個太空包，這是經過改良的新興的栽種法，就是將木屑混合米糠等材料，裝入塑膠袋來栽培香菇，從殺菌、接種，半年後就可以長菇了。這種新興的栽培法就叫做「太空包栽培法」。阿強的父親在菇舍旁的空地上，還

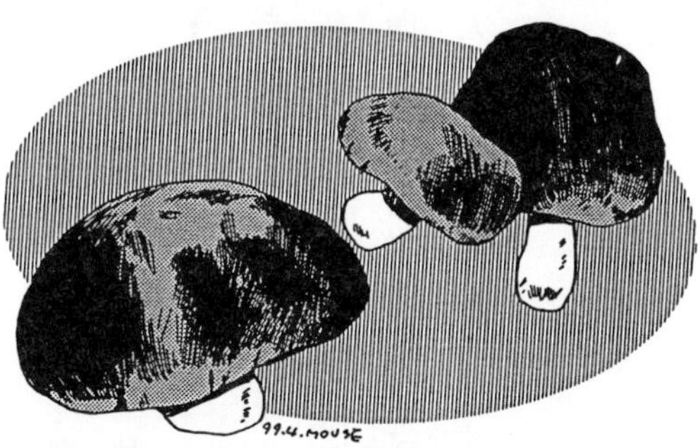

使用少許的段木栽培香菇，雖然太空包栽培法已日漸取代段木栽培，但是保留這樣原始栽種的方法，主要是作爲觀賞，觀察香菇的生長也挺有意思的。

阿強走出太空包區，在段木栽培區閒逛，他被一朵發芽的香菇，奮力的要頂起樹皮的模樣深深的吸引住，要頂起樹皮需要多大的毅力呀！阿強在香菇的身上感受到一股強勁的生命力。他看得出神，覺得很有趣。從那一剎那，他開始對香菇產生極高的興趣。

「香菇是不是植物的一種？阿爸，香菇到底是花還是果實啊？」

父親搔著腦袋，裝出尷尬的表情笑著說：「哎喲！這個問題還眞把我問倒了。我也不知道，反正就是香菇嘛！你明天到圖書館查一查，找到答案再告訴我。」回到家，阿強腦海裡盤旋著這個問題。爲了這個問題，第

・香菇通常四季都能生長，以春、秋兩季為盛。在三、四月間生長的稱為「春子」，美味可口香味佳；秋季九、十月間的稱為「秋子」，品質較「春子」差些。品質最佳的香菇是嚴冬所生產的，因為寒冷，所以開傘較少，而肉厚實，是國人最喜愛的品種。

二天放學回家，阿強到圖書館去，找到一本關於香菇栽培的書，借回家很認眞的翻閱著。父親在一旁看著，露出欣慰的笑容：「這孩子開始喜歡香菇了。」

「書上說，我們吃的香菇的部分，相當於高等植物的花或果實，所以香菇是花也是果實。香菇含有多量的維他命D，食用香菇可耐暑耐寒，它具有特殊風味，除含有保健強壯的成分外，日本鷲見博士研究證明，香菇還具有機磷、有機鐵，以及多量的酵母，在國外也用來當做藥劑。」

父親坐在阿強身邊一起研究書裡的知識。

「香菇原來生長在林木的枝幹上，由人工採擷，數量有限。後來人們發現可以用菌種接種在段木上，以人工栽培。」

「我國的料理中，就經常使用到香菇。一百公克的

香菇，相當於牛肉四百公克的營養價值，因爲香菇不使用農藥，爲自然食品界的代表食品。」

父子倆坐在書桌旁研究香菇，阿強還拿出筆記本抄下重點。阿強開始對香菇產生莫大的興趣，每逢假日，他都會志願跟著父親到香菇舍去，一來可以幫幫父親的忙，二來到山上去有一種度假的感覺。

這天，父親拿著鑽孔器在原木上鑽出一個個的小孔，然後將菌種種植在小孔內，菌絲會逐漸侵蝕原木，充分繁殖後，便可產生香菇。

「任何一種樹木都可以種香菇嗎？」阿強也拿著鑽孔器，學著父親在原木上鑽孔。

「當然不是。以產量最多、品質最好的栽種原木來說，有枹樹、柞樹、軟木櫟、槲子樹、橡樹等等。不過枹樹是最容易栽培的，失敗率最低，是目前最多人使用

•香菇是一種蕈，蕈是真菌的一種。它跟黴菌、酵母菌是近親。蕈，是由一些絲狀的、棉花狀的菌絲組合成的，這種菌絲得透過顯微鏡才能看見。菌絲頂端有圓形的孢子囊，囊內成熟的孢子飛散出來以後，如果剛好降落在陰暗、潮溼而溫暖的泥土、枯木、草堆等地方後，就萌發成為菌絲，菌絲會鑽進木頭裡，吸取裡面的營養，然後慢慢的長出香菇。

的。」父親停下手邊的工作回答。「香菇是死物寄生菌，通常不寄生在活的樹幹上，但是，腐朽的、乾枯的樹木，及闊葉樹也無法生長。」

收工回家的時候，阿強抱了一截種了菌種的段木回家，擺在陽台，準備每天觀察香菇的生長情形。香菇是一種蕈，並不需要肥料，也沒有複雜的病蟲害防治以及驅除的問題，應該是一種可以讓一般大眾接受的景觀植物。阿強想到這個好點子，興匆匆的和父親在車上討論起來。

「阿爸，以後如果我要從事香菇的栽培工作，我要把它推廣到一般住家的後院、陽台裡，因爲香菇容易栽培生長，讓它變成大眾化的栽培作物，家家戶戶的家中都長出美麗又健康的香菇，你看，這個點子好不好哇？」

阿強的父親開心的笑了：「沒想到你這麼有生意頭腦，看來我們的家族企業後繼有人了，而且還是超級強人喔！」

對於父親的讚美，阿強得意極了。

•當菌傘開七、八分程度時是最理想的採收時期，若傘開得太大，品質較差，會被分為下級品。

99.4.MOUSE

優質水稻——蓬萊米

台灣的水稻有三大種類：稱為蓬萊米的稉稻、再來米的秈稻和糯稻。蓬萊米的米粒大部分是圓胖型的，再來米是瘦長型，糯稻的米粒則有長有圓。我們現在吃的稻米大多是「蓬萊米」，是經過改良的名聞遐邇的優質水稻。現今的水稻栽培以「再來米」與「蓬萊米」為主。

暑假的時候，媽媽替文全報名糧食局舉辦的種水稻比賽。

「再不把碗裡的飯粒吃乾淨，以後你會娶痲子老婆。」對於媽媽的要脅恐嚇，文全一點也不在意，每天還是得讓媽媽一再提醒，才會回到飯桌，把碗裡的飯粒吃乾淨。

爲了讓文全改了這個壞習慣，媽媽替他報名種水稻比賽。這次的比賽分爲兩組，媽媽組和兒童組。所以媽媽也參加了這次的比賽。

文全常常聽媽媽說，她小時候要幫忙農事，插秧、除草、割稻樣樣都得做，雖然她是女孩子，但是，田裡的活一樣也少不了她。

比賽當天，文全和媽媽早早便來到報到地點集合。哇！好多人啊！看來這個比賽競爭很激烈呢！開始比賽前，主辦單位進行了一場小小的解說，讓所有參加種稻比賽的大人、小孩了解台灣的水稻。

解說員是糧食局的一位張課長。他輕輕的咳了一聲，淸了淸嗓子後說：

「我們天天吃飯，卻不見得眞正了解水稻。歡迎大家來這裡認識台灣的水稻。稻子，是世界上最重要的糧食作物之一，全世界有一半的人口以米爲主要食物，台灣更是一個米食國家，所以稻作的重要性，不是其他作物能比的。」

「我們是什麼時候發現稻子是可以吃的東西呀？」有個小朋友問。

「眞正發現稻米的年代已經不可考了。台灣目前稻米栽培最早的記錄是距今四千五百年至四千年前，屏東墾丁文化遺址中，出土印有穀痕的陶片，是台灣目前所

•在一九七七年，大陸的考古學家在浙江餘姚縣河姆渡村，發掘的新石器時代的文化遺址中，發現了厚達八十公分的稻穀堆積層，證實了中國人在六、七千年以前已經懂得培育稻米了。

・三種水稻中，以糯米的顆粒澱粉最低，平均只有百分之零到百分之二。次為粳稻的百分之十七到百分之二十。最高的為秈稻，百分之二十三到百分之二十六。顆粒澱粉愈低米質就愈軟。

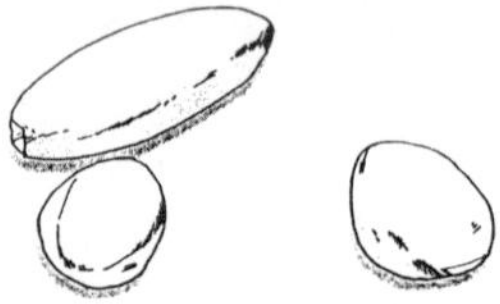

見最早的栽培證據。

「台灣有各種改良的水稻，例如名聞遐邇的蓬萊米。現今的水稻栽培以『再來米』與『蓬萊米』為主。」

文全舉手發問：「去年我們去馬來西亞玩，那邊的飯乾乾的，好難吃喔！不像台灣稻米煮出來的飯這麼香Q好吃。」

「是啊！那是因爲我們爲了改良台灣的水稻品種，許多農業人員投入育種研究的行列，希望培養出粳多優質米。例如，聞名全省的池上便當所用的稻米，便是高雄區農業改良場所培育出來的。」張課長說。

「台灣的水稻有三大種類：稱爲蓬萊米的粳稻、再來米的秈稻和糯稻。蓬萊米的米粒大部分是圓胖型的，再來米是瘦長型，糯稻的米粒則有長有圓；我們現在吃的稻米大多是「蓬萊米」，剛才那位小朋友在馬來西亞吃的那種飯，可能是再來米。日治時期，我們台灣人吃的就是這種硬邦邦的米飯，通常和番薯一起煮，這樣一來可以改善米的硬度，比較好下嚥。現在，再來米都用來蒸蘿蔔糕或做成米台目。糯米則較常用在油飯、肉粽、湯圓等。」

解說結束之後，比賽就要開始了。張課長說，種稻比賽要看誰插秧插得快、插得直，間隔大小控制得好，才能獲得好成績。

這片稻田已經整過地了，在陽光的照射下顯得波光粼粼。這次比賽一共有一百多人參加，分成二十組。主辦單位在稻田的兩端用線拉出約三行秧苗的距離，也就是說，每一個參賽者要插三行的秧苗。

文全彎著腰，夏季的陽光曬得文全的背發燙，他覺

•台灣北部和南部由於氣候上的不同，插秧的時間也不同，南部約在春節前後便開始第一期稻作的插秧，中、北部地區則在二月底或三月初才開始。

·日治時期，日本人為解決國內米食不足，引進適合日本人口味的米種試種，但成效不彰。後來有一位叫磯永吉的日本人，將日本米種與台灣米種交配而成的新品種，一九二二年，試種成功。台灣總督伊澤多喜男以台灣為蓬萊仙島，所以命名為蓬萊米。一九二〇年代中期，蓬萊米產量約占全台米產量三分之一以上，其中三分之二銷往日本。一九三〇年中期以後，輸日量更占產量的百分之八十至九十。

得全身彷彿就要著火了，天哪！當一名農夫還眞是辛苦哇！文全插到一半，直起腰，回頭看看自己的成果，他幾乎暈了過去，天哪！怎麼這樣歪七扭八的，怪了，他一直很注意把苗對齊的呀！隔壁的小朋友也是歪歪扭扭的。還好，現在很多稻田都用機器插秧了，以前即使沒有機器，農夫們也能將秧苗插得又整齊又漂亮，他們到底是怎麼辦到的呀！插完所有的秧苗，文全的腰桿幾乎直不起來，許多小朋友也痛得哇哇大叫。文全在這次插秧比賽中並沒有入選優秀小農夫，但是這次他玩得很開心，他要媽媽下個禮拜再帶他來，他要看看他種的稻子長高了沒有。

文全從種水稻以及觀察稻子成長的過程中，終於徹底改過不把飯粒吃乾淨的壞習慣。

香甜可口的紫元寶——菱角

菱角喜歡高溫，是亞熱帶植物，所以台灣菱角的種植以嘉南一帶為主。農曆四、五月份一期水稻收割後，開始栽種，採收期為八月至十一月中旬。九、十月份是盛產期。十二月左右，所有的菱角都收成了，放掉田裡的水，再準備第二期稻作的耕種。

•菱又叫做菱角或是水栗，一年生水生草本植物，種仁通稱為菱米，生食、熟食皆可。原產於中國。目前是台灣主要的特產之一。

秋天的時候，南部的鄉間美得像一幅幅的畫，因爲那時候走在鄉間道路，放眼望去，盡是綠意盎然的菱角田，還可以看見農民們乘著小船採摘菱角的鄉村景致。也許你吃過煮熟後鬆香的菱角，但是，你一定沒吃過剛採下來的新鮮菱角，那味道保證讓你口齒留香，吃得欲罷不能喔！

如果你來官田，看見路邊的菱角田，不妨停下車來，欣賞一下南台灣特有的風光，也許你看到的正巧是我家的菱角田呢！

我父親說，幾年以前農民們都是在蓄水池，或是池塘裡種菱角的，後來政府推行稻田轉作政策，所以當水稻收割後，用耕耘機翻鬆土壤，四周築高兩公尺深以上，可容水深六十公分爲標準，處理好前置作業後，將水灌進稻田裡，就可以開始種植了。

爸媽只有兩個女兒，沒有兒子是他們的遺憾，因為沒有人繼承他的農田，所以他希望我和姊姊其中一個能嫁給農夫。

中秋節那天，姊姊帶著男朋友文進哥哥回官田的家，看著爸媽乘坐著小船在池塘裡摘菱角，便躍躍欲試，拉著文進哥哥要幫忙採摘。

姊姊雖然在鄉下長大，但是，媽媽為了讓她安心念書，每當菱角收成時，都不讓她到池塘幫忙，所以姊姊到今天都還不會摘菱角呢！

「採收的時候，要一手翻轉菱盤，一手摘菱，摘的時候要輕輕的提起，溫柔的摘，然後再輕輕的放下，否則會傷到心葉和幼菱。」媽媽耐心的講解完摘菱角的方法後，就划著小船到別處採摘了。

姊姊和文進哥哥興匆匆的擠到只容得下一個人的船

頭上，小船失去平衡翻覆了，兩個人跌進菱角田裡，沾了一身爛泥巴，也毀了幾株菱角，這就叫做樂極生悲吧！還好菱角田只高過膝蓋一點點而已，否則，這兩隻旱鴨子就很難看了。媽媽趕他們回家去，說他們兩個「生雞卵無，放雞屎有啦！」

他們換好了衣服又回到池塘邊，這回媽媽怎麼也不讓他們坐小船。爸爸騎著摩托車來到菱角田，停好車子，和文進哥哥聊起菱角的生態。

「菱角從什麼時候開始播種的？」文進哥哥問。

「菱角在春天的時候播種，夏天的時候在葉子的基部會開出白色或淡紅色的花朵，花謝了以後，就結成菱角。也就是菱的果實。」

爸爸彎下腰摘下一個暗紅色的菱角，用刀子切開殼，遞給文進哥哥：

「我打賭你一定沒吃過生的菱角，其實剛採下的新鮮菱角，味道很棒的，你嚐嚐。」

文進哥哥吃了以後，驚訝的不得了：「眞的，很脆，很甜。」

「菱角含有豐富的澱粉和維生素B、E、F，煮熟後當點心吃，或是煮菜熬湯，味道都很不錯。根據藥理學研究，菱角還可以清暑解熱、利尿、通便、解渴、解酒毒。」爸爸繼續說著，他一定恨不得這兩天就把他所知道的關於菱角的知識，全說給文進哥哥聽。

「一般水深不超過五公尺、底土鬆軟、肥沃的河灣、溝渠、池塘等地都適合種菱。菱角喜歡高溫，是亞熱帶植物，所以台灣菱角的種植，以嘉南一帶爲主。採收期爲八月至十一月中旬。九、十月分是盛產期。」

文進哥哥點點頭，一副很有興趣的樣子。

•菱角仁為粉質，適合一般人的口味，蒸熟或煮熟後出售，成為一種很受歡迎的零食、點心。另外，剝去外殼，新鮮的菱角仁以排骨或豬肚燉湯，是一道不錯的美味佳肴。

•台灣菱角的產地集中在嘉義縣民雄、東石，台南縣官田、柳營、麻豆，高雄縣岡山，高雄市左營，屏東縣林邊等地。

「以後，如果台北混得不好，到台南來，跟著我種菱角，不怕沒飯吃。」

文進哥哥一味傻笑，不知如何回答，倒是姊姊說話了：

「阿爸，你不要逼他啦！他是學建築的，沒有興趣做農夫啦！」

文進哥哥在我們家住了一個星期，他對菱角產生了莫大的興趣，每天都到池塘邊觀察菱角，不僅拍了許多照片，還認眞的做筆記。他認眞學習的態度，讓爸爸、媽媽對他中意得不得了，以爲他眞的要到鄉下來種菱角了。

「我不一定要做農夫，但是當你們忙不過來的時候，我可以休假過來幫忙一陣子。」文進哥哥很誠懇的說。

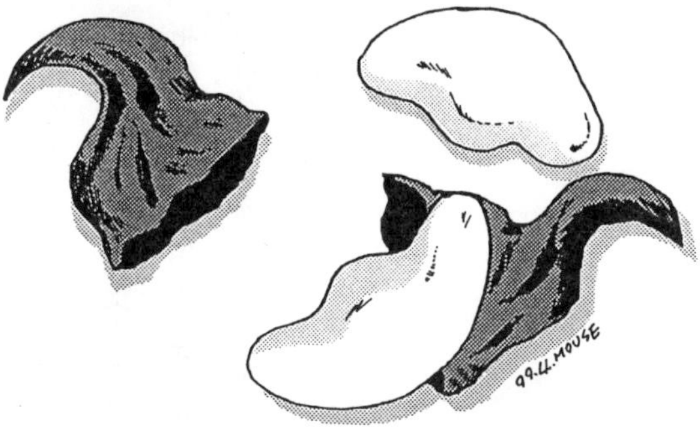

文進哥哥輕輕的捧起一株菱角，指著葉柄中央膨脹起來的東西對我說：「你看這個氣囊，它裡面的組織像海綿，容納了許多的空氣，所以整珠菱才會浮在水面上。你知道嗎？菱角這兩頭兒尖尖的，是爲了保護果實不受其他生物的侵害所演變的。可見，植物也是很有智慧的。」

「文進哥哥，我猜你一定沒有見過菱角的花，那是一種小小的白色花朵，和空心菜的花有點像。小白花謝了以後，花梗會向下，彎垂進水裡，然後才發展成果實。明年夏天你一定要來，那時候就可以看見菱角的花了。」我說。

「小丫頭，看來你對菱角很有研究嘛！」文進哥哥摸著我的頭說。

文進哥哥和我約定好了，明年夏天他會再來。

・嘉義以南地區，在第一期水稻收割後，以種植菱角作為輪作方式栽培，因為利用一般水田，不僅操作方便，也較省工，水稻田也能在這段空檔，發揮另一種作用，以補貼收益。

十二月左右，所有的菱角都收成了，我們開始忙著處理菱角的根和葉，以及放掉田裡的水，讓陽光曝曬一、兩個星期後，再繼續準備明年春天第二期稻作的耕種。

原住民的傳統食糧
——小米

台灣的每個原住民族，在重要的祭典裡，如賽夏族的「矮靈祭」、阿美族的「豐年祭」、鄒族的「凱旋祭」，以及布農族的「打耳祭」等等，都會祭出小米，或是小米製成的小米飯、小米酒。原住民族對這個孕育他們的傳統食糧，表現出極高的崇敬。

•布農族在郡社群與巒社群，到了小米播種的季節，會使用「祈禱小米豐收歌」來祈祝播種的小米豐收。到了播種祭之前，祭司決定了祭日，會慎選族中這一年內所謂「聖潔」的成年男子六到八名，住在祭屋之內，並供應美食。隔日，祭司帶領這些成年男子在家屋外圍個圓圈，圈內放置種粟一串，在祭司的領唱下，先在屋外演唱，再慢慢移入屋內，象徵今年播種的小米能豐收並

（接下頁）

入冬了，山上的高山芒把世界妝點得白茫茫的，風兒吹來的時候，花穗便迎風起舞，歡迎寒冬的蒞臨。當冷風吹得每一個人直打哆嗦的時候，就是該種小米的時候了。

我們是布農族人，爺爺是個很傳統的人，在播種小米之前，會舉行一種播種祭，這對布農族人來說，是一件很重要的事。

在播種小米的前一天，爺爺找來去年播種小米的叔叔來進行這項儀式，爺爺說負責這項儀式的人，必須是個幸運的人，因爲幸運的人會將好運與小米一起埋進土裡，這樣，隔年的小米才能豐收。由於叔叔今年的運氣一直不錯，在這次的母語說故事比賽中，得到了第一名的榮譽，雖然這是叔叔自己努力的結果，但是爺爺認爲，所有的輪贏，還是得靠幾分的好運氣，所以叔叔就

（接上頁）

堆滿穀倉。

演唱方式是由一位低音領唱者先以「O」或「U」發出長音，其他歌者再分成二部或三部，以三度、四度、五度的距離反覆進行；高聲部則延續領唱者所發之音，依近似微分音式的半音階徐徐上升，一直唱到他們認為最完美、和諧、圓滿才一起停下來，這也就是天神最滿意的音律。因為他們相信，如果在演唱中唱不下去，或族人聽起來「荒腔走板」，天

（接下頁）

繼續負責今年的播種儀式。

這天，天氣很晴朗，我和叔叔一起上山撒種，叔叔要我走在前面用棍棒撩撥山徑兩旁的草叢，把蛇趕跑，如果讓撒種的人看到蛇，就得回頭，隔兩天再舉行。我和叔叔順利的來到耕地，一路上都沒有蛇出來搗蛋。

播種前，必須先準備高山芒的花苞，以及無患子的果實，然後把它們掛在高山芒的葉子上。準備妥當後，儀式開始了，叔叔將小米撒在耕地的中央，撒得很多很密，這樣，今年長出來的小米才會又多又密；如果撒得不夠密，那麼小米的生長便會不順利，收成自然不好，所以播種是一件很慎重的工作。叔叔在撒小米的時候，必須說很多吉利的話，例如希望小米大豐收，小米堆得像玉山一樣高這類的話。

做完了這些儀式，我和叔叔便回家了。回家前我們

（接上頁）

神將會震怒，那麼這一年內的收成必定不豐。所以，演唱「祈禱小米豐收歌」時，族人莫不嚴守紀律，全力以赴。」

將酒灑在帶來的鋤頭上，叔叔對著鋤頭說：「希望鋤頭帶來好運氣。」

回到家後，爺爺帶領家裡的人站在門前的廣場上，撒下小米後，異口同聲的說：「希望今年種下的小米收穫豐碩。」

完成了所有的儀式之後，爸爸搬出了小米釀造的酒，和爺爺以及幾個叔叔、伯伯，坐在樹蔭下一起飲用，爺爺情不自禁的哼起了「播種小米歌」，爸爸也跟著哼唱。歡樂的氣氛縈繞在山林裡。

爸爸說，雖然我還小，但是小米酒甜甜的，酒的濃度又不高，所以我也可以喝一點。我挺喜歡嚐嚐小米酒的味道，香醇的酒味裡摻雜著辣辣的、甜甜的滋味，很不錯的享受，但是我不敢喝多，喝多了頭還會暈呢！

小米除了釀酒之外，還可以做成許多很可口的東

•小米又稱為粟，一年生禾本科粟屬作物，是中國的五穀之一。小米的米粒非常小，抗旱性強，即使在山坡地或水源缺乏的旱地，都能順利成長。小米的品種多達一、兩百種，來源有二：一為原住民傳下來的，二為先民移墾台灣時帶過來的。

西，像小米粥、小米飯等食品。媽媽和姊姊尤其喜歡拿幾串小米穗，用漂亮的花繩子綁起來，掛在房間裡當裝飾品，今年我也要拿幾串小米穗掛在我的窗前。

小米收成後，要先將小米曬乾，再把小米放進臼中用木杵去糠搗落小米粒，然後才可以煮來食用。爸爸說，現在農業改良場研製出一種改良型的脫粒機，每小時可脫粒兩百斤。雖然如此，我還是比較喜歡我們自己的方式，用木杵和木臼，你一樁我一樁的爲小米去殼，那畫面讓我感覺安詳寧靜與優閒。

小米經過六、七個月的成長，終於要收成了。小米結果後，整穗彎彎的下垂，隨著風的舞弄，搖擺起舞，好看得不得了。

收割小米那天，幫忙收割的鄰居們，一大早就來到我們家了，一大票人一起往小米田出發，途中，任何一

個人都不能放屁、打噴嚏，或是開玩笑的大聲喧嘩，不管是誰犯了這些忌諱，今天就不能收割小米了，得隔天再去。在途中遇見鳥往自己的方向飛來，或是看見蛇，也得等第二天才能收割小米，因爲大自然已經提出警告，如果不理會這些警告擅自進行收割，這家人將會變得很窮，以至於將來都會沒飯吃。

小米是布農族的主食，所以小米的栽種和收割是一件很重大的事。到達小米田時，爺爺一邊繞著小米田一邊砍草，以便驅趕圍繞在小米田四周不好的東西，爺爺的嘴裡念念有辭，說著一些吉祥的話。這個儀式完成之後開始收割小米了。我們把收割下來的一穗穗的小米綁成一把把的，方便放進竹簍裡運送回家。

收工的時候，每個人背上都背著月桃片編織而成的背簍，每一個背簍裝著六、七把的小米，力氣大的背得

多，力氣小的背得少，像我，背兩把小米就把我累得直不起腰了。

小米運到家裡後先擺在客廳，爺爺做完儀式後，媽媽拿出酒肉慰勞及感謝這些辛苦的鄰居，大夥兒在快樂歡唱中享用晚餐。

第二天，爺爺殺了一隻豬，由部落裡的老人和巫師舉行「小米進倉祭」，小米才可以放進倉庫儲存起來。當然，小米進倉也是有很多禁忌的，例如嫁出去的女兒及外人，是不能吃進倉當天的食物，如果吃了，會把所有的福氣帶走的。我隨口對正吃著小米糕的姊姊說：「還好姊姊才十五歲，還沒到出嫁的年紀，否則你這麼會吃還得了！」

「我……」姊姊滿嘴食物，一時間沒法開口說話，氣得一路追著我打。

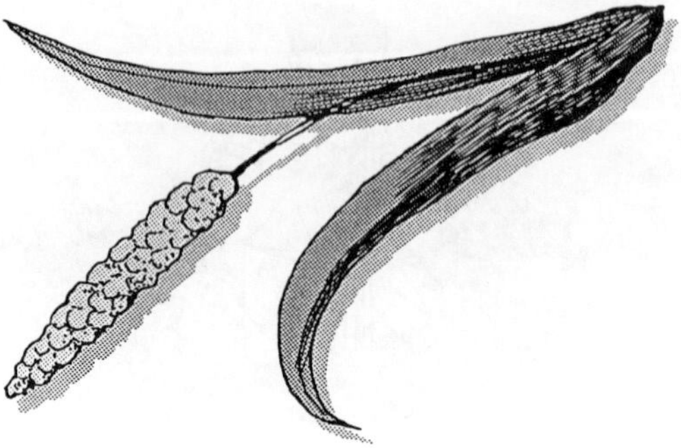

我向爸爸要來幾串小米穗，掛在窗前，風吹來的時候，小米穗便會跳起曼妙的舞姿，看著小米的舞姿，讓人有一種豐收的快樂與滿足的感覺。

救荒作物——番薯

甘薯，就是地瓜和番薯，是以前農業社會的主食，現在還是台灣第二大農作物，栽培面積僅次於水稻。有一句俗話說：「甘薯是窮人的主食，今日富人的點心」，今日地瓜品種優良、價格昂貴，成為珍貴的食品，就連地瓜也沒想到，居然會從乞丐搖身一變成為皇太子吧！

•地瓜屬於旋花科，跟牽牛花、空心菜屬同一科，所以它們的花朵很相似。甘藷屬根生植物，三、四個月左右就可以收成，適合當地蔬菜、西瓜等農作的轉作或輪耕。

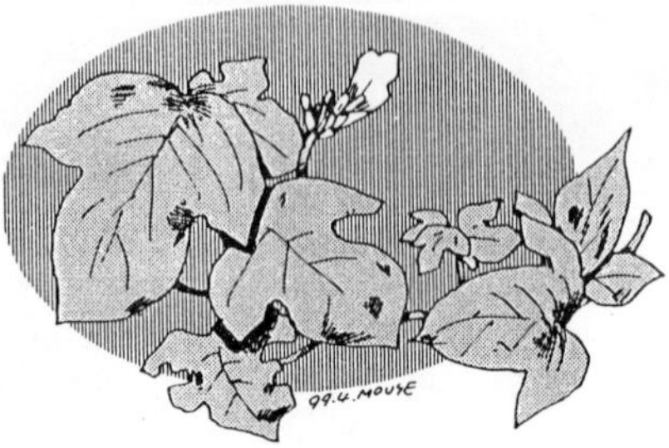

「吃點心囉！」媽媽喊著。

「哇！是地瓜耶！」小朋友走進餐桌看見一大盤飄著香味的甘藷，全都歡呼了起來，爭相搶著。

「地瓜很營養，有豐富的澱粉、蛋白質和維他命，還可以健脾胃喔！晚上還有一盤炒甘藷葉。」媽媽預告晚餐。

「吃地瓜很會放屁耶！」

「等會兒我們可以舉辦放屁大賽。」

孩子們嬉鬧成一團。爺爺也拿了一個地瓜，瞧，紅皮紅心紅肉，他撥開冒著騰騰熱氣的地瓜皮，咬了一口粉粉香Q的地瓜，現在的地瓜眞好吃啊！地瓜吃在爺爺口裡，卻有另一番滋味在心底……

種甘藷種了二、三十年的爺爺，一眼就能看出甘藷的好壞，嚐一口就知道甘藷的品質，幾十年以前，就連

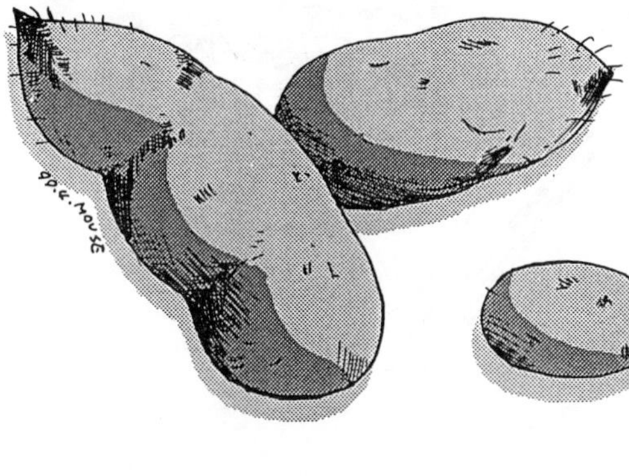

地瓜也沒想到，會從乞丐搖身一變變成皇太子吧！爺爺笑了出來，這麼「粗俗」的東西，在今天會變得如此昂貴以及珍貴哩！

「阿公，你在笑什麼？」

「阿公想到以前的事，覺得很好笑。」

媽媽在一旁接著說：「你們知不知道，阿公以前是種地瓜高手喔！」

「眞的嗎？阿公。」

「當然是眞的，以前阿公種的地瓜，一顆就比你們的頭還大咧！」爺爺比了一個手勢。

「阿公爲什麼你現在不種地瓜了呢？否則我們天天都可以吃地瓜耶！」

「阿公老了！沒力氣啦！你爸爸又不願意種田，所以地就賣給別人了。阿公說一些關於地瓜的故事給你們

聽好不好？」

「好哇！好哇！」孩子們圍坐在爺爺身旁，一邊吃著地瓜，一邊聽著地瓜的故事。

「甘薯，就是我們說的地瓜和番薯。五、六十幾年以前，台灣光復沒多久，整個社會呈現戰後物資空虛匱乏的狀態，大多數人爲了一家人的溫飽，都種了一大片的番薯，因爲番薯適應性強容易栽種。每當吃飯的時候，飯鍋蓋一打開，一看，飯鍋裡盡是一塊塊的番薯，稀稀落落的幾粒白米飯摻雜在番薯當中，那時候的孩子看見飯鍋裡又是番薯，嘴角就會這樣彎垂下去。」爺爺誇張的把嘴角彎垂下去。

「阿公，地瓜很貴耶！一斤都要六十幾塊，你們應該很高興才對呀！」

「有一句話說『甘薯是窮人的主食，今日富人的點心』以前，白米好貴，一般人是吃不起的。因爲甘薯耐溼抗蟲，在貧瘠的土地上也可以生長，所以，那時候家家戶戶都種了一大片的甘薯，混合白米一起下鍋，就這樣養活一家人。現在，白米便宜了，地瓜搖身一變，變成貴的不得了的點心，叫我花錢買兩個地瓜嚐嚐，我還眞捨不得呢！嘿，時代眞的不同囉！」爺爺說。

「甘薯原產地在南美洲，經由大洋洲引到東南亞後再傳到中國。甘薯傳到中國有兩條路線，一是從菲律賓到福建，一是從中南半島到雲南，後來才從中國傳到台灣，再傳到日本、韓國和越南。

「番薯在其他國家是一種救荒作物，當某些地方發生天然災害或者蝗蟲過境時，番薯就發揮了救災的功能，因爲地瓜即使在很貧瘠的土地上都能生長。一旦危機過去了，番薯就消失了。可是在中國卻不一樣，有危

- **「台農五十七號」、「台農六十六號」和「台農六十八號」是目前台灣甘薯的明星品種。**
- **台灣對於地瓜品種的改良努力不懈，所以出現了以前所沒見過的，並有著各種不同用途的地瓜，例如：白地瓜、黃地瓜、紅地瓜等。**

・以前的地瓜葉沒有現在的好吃，以前的品種比較差，老化後纖維多，加上採收後，幾個小時就會萎縮了。現在亞洲蔬菜研究發展中心，針對過去甘薯葉作為蔬菜用的缺點加以改良，葉片顏色由深綠轉變成黃綠色，纖維含量減少，青葉味道變淡，炒後不會很快就變黑。

機的時候番薯是糧食，危機解除了，番薯就變成飼料，餵養一些牲畜。

「對了，媽媽晚餐要炒甘薯葉，以前，甘薯葉可是用來餵豬的。」爺爺加了一句。

「啊！那是豬吃的呀！我不要吃了。」孩子們誇張的叫了起來。

「我們以前也常常吃這道菜，現在甘薯葉還是某些大餐館的名菜耶！甘薯葉不需噴灑農藥，是最安全的蔬菜。甘薯葉的蛋白質含量很高，很營養的，晚上要多吃一點。」

「阿公，我們可不可以在陽台上種一些地瓜呀！我都沒看過地瓜長什麼樣子。它像橘子一樣長在樹上的嗎？」

「天哪！地瓜，地瓜，是長在地上的瓜啦！眞是土包子。」

爺爺想起後龍種地瓜的朋友，打了幾十次電話約他到後龍看他種的地瓜，這個承諾一直拖延著，現在總算可以動身了，帶孩子們去看看什麼地瓜長什麼樣，自己也可以好好的聞聞泥土的味道。他告訴孫子們：

「阿公有個朋友在苗栗後龍種了一大片的甘薯，農曆八月以後就進入採收期了，下次放假的時候，阿公帶你們這群小土包子去挖地瓜，怎麼樣？」

「還可以焢土窯喔！」

孩子們歡呼起來，直嚷著這個週末就要去，還要帶一顆比自己的頭還大的地瓜回來。

•「焢窯」烤番薯是農業社會最常見到的休閒活動，通常在第二期稻作收割後，空曠的稻田是焢土窯的最佳場所。用塊狀的泥塊，堆成圓錐型的土窯，窯底裡留一個缺口，放進柴火燃燒，直到土塊燒得通紅，再將火撲滅，然後從窯的頂部洞口將番薯丟進去，再把燒紅的土塊碾平，泥土的熱度就可以慢慢將番薯燜熟。

99.4.MOUSE

大豆與毛豆

大豆在還沒有成熟的時候，人類就把豆莢摘下當做蔬菜用，這就是毛豆。成熟後的大豆色澤是黃色的，又有人稱大豆為黃豆，所以大豆、毛豆、黃豆其實是一家親。大豆含有抗氧化劑及卵磷脂，是一項抗癌又健身的食品。

・大豆是一年生草本植物，是遍布世界各國的豆科作物，提供人類多種胺基酸和礦物質等營養。

「喝豆漿了。」媽媽在廚房尖著嗓門叫著。

「怎麼又是豆漿啊！」小傑刷完牙走到餐桌，皺著眉頭說。「每天都喝豆漿，很膩耶！我想要喝可樂，或者奶茶也行。就是不要豆漿。」

「你說那什麼話？一大早喝可樂？可樂有什麼營養？豆漿營養可高咧，豆漿有天然的抗氧化劑，是很好的抗癌食物，大豆裡還有卵磷脂，可預防子宮癌、心臟病，最重要的是可以──抗──衰──老。」媽媽像極了名嘴張小燕，把大豆的營養成分一口氣說完。

「天哪！我才十歲耶！就要開始抗衰老了嗎？」小傑大聲抗議。

「少囉嗦，喝完豆漿再出門。」媽媽拿出大人的權威說。

爸爸拿著報紙來到餐桌旁：「我的咖啡呢？」

「從今以後，早餐沒有咖啡只有豆漿。」媽媽說。

「爸爸，你經四十歲了，要多喝豆漿，那樣可以讓你老得慢一點。」小傑學著媽媽的口氣說話。

爸爸無奈的坐下，端起豆漿喝。

媽媽高昂的聲調從廚房傳出來：「晚上回來還有毛豆可以吃喔！我用八角一起煮，很香喔！」

「天哪！媽媽乾脆去種什麼大豆和毛豆好了。」

這是這家人每天早上會上演的戲碼，自從這家的女主人參加醫學講座，了解大豆的好處之後，就瘋狂的愛上豆子。早上喝豆漿，中午吃豆腐，晚餐前還有毛豆當飯前點心。

對了，光介紹這一家人，差點忘了自我介紹了。我是大豆，又叫黃豆，老熟時叫大豆、黃豆，幼嫩時期叫做毛豆，很多人老是搞不清楚，以爲大豆、黃豆和毛豆

•受到國內冷凍食品蓬勃發展的影響，「冷凍毛豆」的新產品為農民帶來新的生機，近十年來，農民們紛紛改種毛豆，讓冷凍毛豆在外銷食品上拉出長紅。

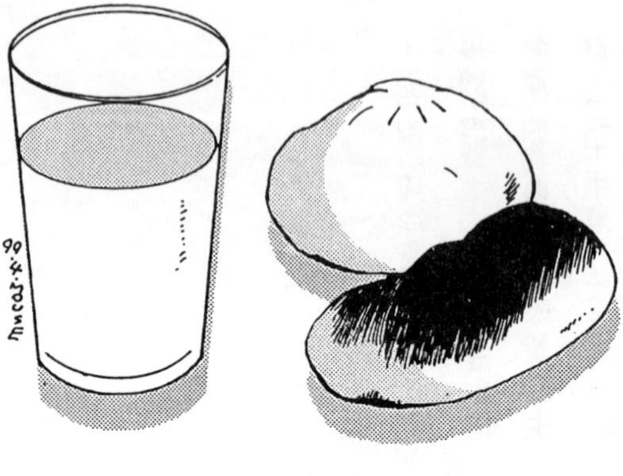

是三種豆，其實，這三種豆都只是一種豆，就是大豆。

大豆是豆科一年生草本植物，因爲豆莢上面有粗毛，所以在還沒有成熟的時候，人類就把豆莢摘下當做蔬菜用，作爲烹調或是帶殼水煮當點心吃，這就是毛豆。成熟的大豆是黃色的，所以又有人叫我們黃豆。

我們的作用可多了，不僅可以作爲傳統食物的烹調，如豆腐、豆花、豆漿、豆豉、孵豆芽、釀造醬油，或是炸成黃豆油，炸油留下的「豆粕」還可以作爲肥料或是飼料呢！

現在吃素的人愈來愈多了，一些仿做肉食品的素食食品，大都是大豆所製成的。從大豆中所粹取出來的成分，不僅在食品加工以及醫療用途上，都有舉足輕重的分量，對凡是要求健康的現代人而言，是很有貢獻的。

根據統計，東方人食用大豆是西方人的兩倍，西方人的

健康食品店以及藥房，都有販賣從大豆中淬練出高純度的大豆產品。

所謂飲水思源，所以人們很重視沿流溯源，就是尋根的意思，因此我們大豆也做了一番尋根的工夫，經過一番努力，終於查出大豆原產於中國東北。我們大豆在台灣經過這幾百年生活的歷練，也孕育出許多優良的品種，例如「台南二號」大豆新品種，就具有高產量、抗病蟲害，而且適合利用機器採收的優點。

雖然，我們大豆有那麼多的好處，但是大豆在台灣所扮演的角色，卻是環保戰士的功能大於健康形象。因爲，大豆是所有豆科作物中，固氮能力最好的，許多農民在考慮輪作植物時，通常會選擇大豆。大豆的根瘤菌可以從空氣中，把游離的氮保留在土壤裡，提供給其他植物作爲生長的養分。

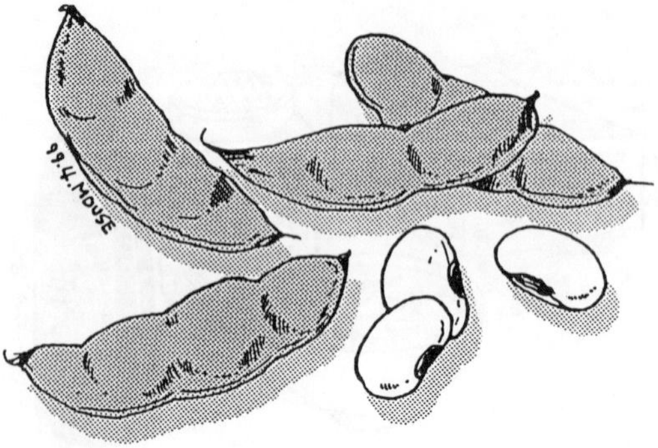

許多農民因爲大豆的經濟效益低，而紛紛改種經濟價值高的毛豆，毛豆經冷凍後，大都外銷日本，賺取外匯。

唉！毛豆呀！毛豆，本是同根生，相煎何太急呀！毛豆變成外銷上的一匹黑馬，農民紛紛拋棄我們大豆而去親近毛豆，也許，也許，有一天，台灣的土地上再也見不到圓滾滾、黃澄澄的大豆了。

放學了，小傑一進門，就聽見媽媽在陽台上大喊：

「小傑，桌上有毛豆先吃一點墊墊胃。」

也許我太多慮了，你瞧，這家的女主人眞是大豆的愛好者，你看那一桌子的豆腐、玉米炒毛豆、味噌湯、水煮毛豆、清蒸蝦仁毛豆……，就連洗碗都用黃豆粉，眞該頒發一張「大豆最佳飲食代言人」獎，謝謝她爲大豆所做的努力。

蓮花田裡蓮藕甜

蓮子採完後，過一、兩個月就可以收成蓮藕了。蓮藕比較好處理，現在我們都把它做成乾燥的蓮藕粉，保存起來再慢慢賣，蓮藕粉可以泡成蓮藕茶飲用。

台南縣白河鎮蓮花的栽培，占全國總產量的四分之三，所栽培的品種大多是「大憨蓮」、「見蓮」和「石蓮」，這幾種蓮所開的花大都是桃紅色的花。

・蓮，原產於印度、中國、日本及菲律賓，近百年前才傳入台灣。目前栽種以台南縣白河鎮最具規模，占全國總產量四分之三以上。

一畝一畝的蓮花田，一根根直立於水面上的花梗，撐托著一朵朵粉紅的鮮嫩欲滴的蓮花，荷葉上晶瑩剔透的水珠，固執的隨著葉片的擺動來回滾動著，無論如何也不願滾落池裡。

每年的七、八月，美麗的蓮花田吸引了許多人的目光，不得不發出讚嘆。詩人把蓮寫入詩句裡，畫家也把蓮花美麗的身影留在畫布上，也有人讚賞蓮花「出污泥而不染」的高貴情操，而稱它爲「花之仙子」。

王碩是一名攝影師，他替一家旅遊雜誌社工作。他最喜歡拍攝的主角，不是人物，也不是風景，而是蓮花。他已經連續五年在蓮花開花的季節，背著沈重的攝影器材來到白河，住上半個月，然後在天微微亮的時候開始拍蓮花，因爲觀賞蓮花最好的時間是在清晨。蓮花通常都在清晨五、六點的時候盛開，約十點左右，又慢

慢閉合起來，恢復成花苞的模樣。第二天清晨再度開花，這回蓮花會盛開至隔天中午，然後花瓣就開始凋謝掉落。

也許你想問：蓮花不都長一個樣子嘛！值得每年在這裡耗掉大半個月的時間，用掉幾十卷的底片嗎？

這時王碩會告訴你，每一朵花都長得不一樣，去年的花和今年的花也長得不一樣。出門前往白河的途中，一種會見美麗俏佳人的愉快心情便充滿了他的心，讓他感到一種戀愛的快樂。

蓮花那清新脫俗、楚楚動人的倩影，任誰見了都會怦然心動吧！

王碩和蓮花田的主人林剛，也因爲蓮花而結爲莫逆之交。沒拍照的時候，兩個人就會坐在庭院裡，泡一壺茶，聊著蓮花的種種。

・目前台灣所種植的蓮有四種：大憨蓮、見蓮、石蓮、菜蓮。

「白河鎮人從什麼時候開始栽培蓮的？」王碩問。

「聽老人家說，已經有一百多年歷史了。」林剛說。

「我到過嘉義市及其他幾個地方拍蓮花，那邊蓮花所開的花大多是白色的，而白河大多以桃紅和粉紅色為主，這兩者有什麼不一樣啊？」

「白河鎮所栽培的品種大多是『大憨蓮』、『見蓮』和『石蓮』，這幾種蓮所開的花大都是桃紅色的。而嘉義及台南縣其他鄉鎮農民所種的是以採蓮藕為主的『菜蓮』，開的花以白色的居多，所以兩者是不同品種的蓮。」林剛解釋著。

王碩啜了一口茶後說：「蓮花謝了以後，就會長出綠色的蓮蓬，一、兩個星期後，蓮蓬裡的蓮子成熟了，你們忙完蓮子的採收工作，蓮株枯萎後，地下莖就是蓮

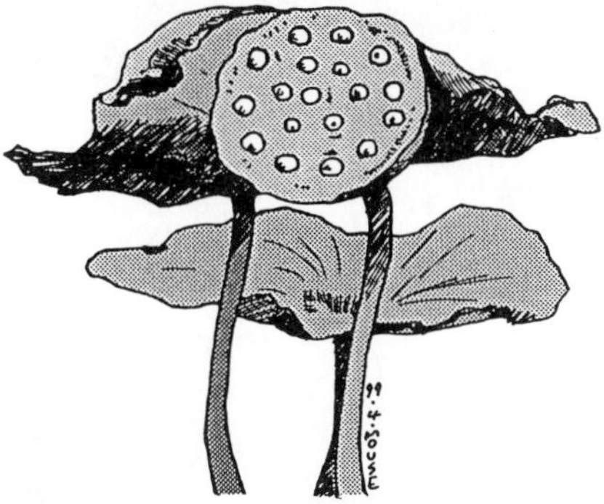

藕，你們又要忙著挖蓮藕。你看，蓮花從花到莖部都被你們充分利用了。可見蓮花的經濟價值很高喔！」

「看起來好像很浪漫的蓮花田，對我們這些農民而言，可是有許多辛酸的。」林剛的口吻裡隱藏著淡淡的感嘆。

對於這點，王碩是完全同意的。去年，爲了體驗農民採蓮蓬的經驗，他跟著林剛下到蓮花田裡，一手握鐮刀，一手握蓮蓬的收割，蓮蓬有刺，採一次蓮蓬被刺上幾回也是難免的。尤其雙腿在泥濘的蓮花田裡移走，是一件很辛苦的事。

採回蓮蓬後，還得把蓮蓬裡的蓮子剝出來，再爲蓮子剝殼、脫膜，挑掉含有苦味的蕊心等等繁瑣的工作，完全得靠雙手完成。由於新鮮的蓮子很容易變色，不能久藏，所以得在短時間之內銷售出去，因此農民有著很

・蓮花是荷花的別名，又稱為「芙蓉」、「水芙蓉」、「水芝」、「玉環」、「水華」，是宿根性多年生的草本植物。

大的壓力。

「蓮子採完後，過一、兩個月就可以收成蓮藕了。蓮藕比較好處理，現在我們都把它做成乾燥的蓮藕粉，保存起來再慢慢賣，蓮藕粉可以泡成蓮藕茶飲用。對了，差點忘了告訴你，最近有人引進一種新品種叫做『香水睡蓮』，這種香水睡蓮是由一般觀賞用的睡蓮改良出來的，一年四季都會開花，不結蓬也不產藕，也沒有蓮子，顏色更是多樣，還有著很濃烈的香味，這種蓮主要是作爲觀賞用，以及做成蓮花茶。我還在觀察研究，明年先種一些試試看效果如何，再決定要不要擴大栽種範圍。」

「哇！明年來的時候，就有蓮花茶可以喝了。」

王碩滿心期待的驚叫出來，一年四季都可以觀賞蓮花是多麼愜意的事啊！這時林剛的太太端出一鍋冰涼透心的蓮子湯，盛了一碗端到王碩面前，熱心的招呼著：

「來，嚐嚐新鮮的蓮子湯。蓮子含有豐富的澱粉、蛋白質和多種維生素。」

林剛接口說：「蓮子和蓮藕都是台灣人心目中最佳的補品，雖然兩者的營養成分是不太一樣，但是逢年過節，蓮蓉月餅、臘八粥都是少不了蓮子的。因爲蓮幾乎不需要噴灑農藥，即使噴灑了，農藥的成分也會很快的被水給分解掉了。所以，蓮藕是一種新興的、自然的健康食品。」

「有一首由作詞人韋瀚章先生寫的『採蓮歌』你們會不會唱啊？」王碩突然從椅子上坐直，問林剛夫婦。

「會呀！這裡的人都會唱啊！」

林剛輕聲的哼起歌詞，林太太也跟著哼唱起來：

夕陽斜，晚風飄，大家來唱採蓮謠。

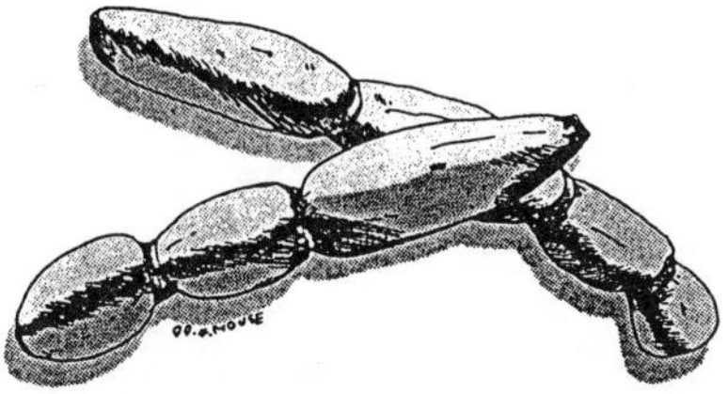

•蓮必須生長在高溫多溼、日照充足又沒有強風的地方。每年三、四月氣候轉暖，就是栽培蓮最好的季節。

白花豔，紅花嬌，撲面飄香暑氣消。
你划槳，我撐篙，撥破浮萍過小橋。
船行快，歌聲高，採得蓮花樂陶陶。

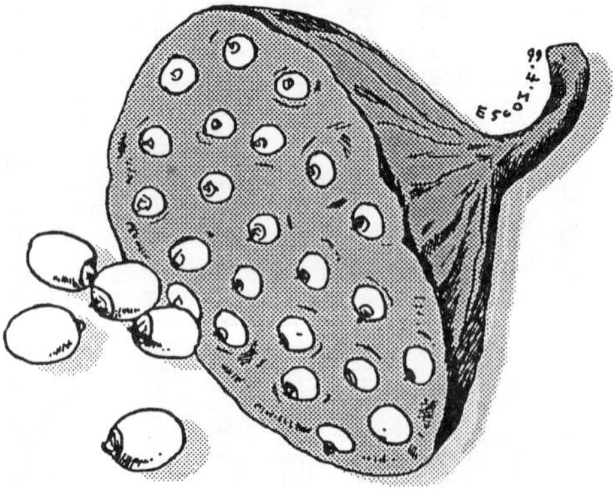

逐漸沒落的曬鹽事業

台灣的西南沿海，由於地勢平坦、雨量集中，所以大部分海灘都可以成為鹽產地。目前只剩下布袋、北門、七股三座鹽場，以及通霄一座精鹽場。由於台灣的氣候條件不理想，製鹽成本高，進口鹽品質好，價格又便宜，鹽場將陸續關閉，已成為不可改變的事實。

每年的三月到五月，是曬鹽的旺季，鹽民們稱這段時間爲「大汛季」。六月到九月，因爲是雨季，往往曬不出幾粒鹽。不曬鹽的時候，福成就和其他的鹽工以打零工爲生。

時序進入十月底，又要開始忙了。十月底到明年一月，是曬鹽的「小汛季」。福成和其他鹽工忙著排除鹽田上的水，接著要將海水引進儲水池，然後用抽水機抽進大蒸發池，經過三、四天的日曬後，海水被蒸發了大半，再將剩下的高濃度的「鹽水」引入鋪有瓦片的小蒸發池，等待結晶，約三、四天以後，晶亮的鹽粒就成形了。如果不巧，這期間來一場午後雷陣雨，這一切就白費了，因爲雨水會將好不容易結晶的鹽又溶成鹽水，這樣一來，一切又得重頭來過。曬鹽這工作完全得看老天爺的臉色呢！

•台灣目前只剩下布袋、北門、七股三座鹽場，以及通霄一座精鹽場。曬鹽也即將變成日落事業了，機器將取代所有的人力。台灣的氣候條件不理想，製鹽成本高，進口鹽品質好，價格又便宜，鹽場將陸續關閉已成為事實了。

福成是北門鹽場的一名老鹽工，從事曬鹽工作已經三十年了，早已習慣在烈日下曬鹽的日子。這幾年許多老夥伴退休了，鹽場也沒有再增加人手，許多鹽場因爲虧損連連，陸續關場的消息，已經引起各方聯想了。聽說，北門鹽場早晚也逃不了關場的命運。現在七股鹽場都用機器收鹽了，機器節省人力，效率又高。北門是目前唯一用人工曬鹽的鹽場，鹽場的主任說過，現在進口的鹽價格很便宜，品質又好，不像台灣，製鹽成本實在太高了。鹽場在連連虧損的情況下，也面臨了經營的困境。想到不久之後就要失業了，福成不禁感嘆起來。時代的進步就是這樣，總是會不斷的淘汰舊有的東西以及方法。

這天一早，福成和妻子來到鹽田收鹽，妻子怕曬，總是穿得密密實實的。岸邊，有兩個老師帶著一群小朋

友以參觀鹽場作校外教學。主任正在做解說，由於主任是透過麥克風在說話，音量很大，方圓五百哩之內的人都能清楚的聽見：

「台灣的西南沿海，由於地勢平坦、雨量集中，所以大部分海灘都可以成爲鹽產地。早期台灣重要的鹽場有鹿港場、布袋場、北門場、七股場、台南場，以及高雄林園場等。其中以布袋及北門場規模最大，產量最多。台灣第一畝鹽田，由陳永華在台南瀨口（今台南市喜樹一帶）開闢，正式開啓台灣製鹽史後，鹽成爲專賣品。直到清康熙二十二年（西元一六八三年）施琅攻占台灣，清廷才撤銷專賣，雍正年間又實施專賣。由於私自開闢的鹽場愈來愈多，政府爲了整頓鹽務，於清光緒十四年設立了鹽務總局，在台灣各地設立鹽總管，由官方招攬人民承辦鹽的買賣。鹿港的辜顯榮、高雄的陳中和、台南的吳尙新等人，都因爲經辦鹽務而致富的。」

福成看見一個小朋友將一粒粗鹽悄悄的放進嘴裡品嚐，然後猛地吐出來：

「這鹽好苦好鹹哪！」

福成和所有的小朋友都笑了出來。主任笑著說：

「曬好的海鹽，還不能拿來煮菜吃，我們得把海鹽送到精鹽場中，經過消毒再加工，把粗鹽分解成細鹽，分袋裝好，才能販賣。」

「請問海水中的鹽是從哪裡來的呀？」有一個小朋友問。

「這個問題問得好喔！當初地殼運動引起火山爆發時，從地殼內部噴出了許多的鹽分，這些鹽散布在各地，後來雨水不斷的將陸地上帶有鹽分的土壤沖到大海，所以海水才會愈來愈鹹。」

「老師，太陽那麼大，他們還要在這麼鹹的地方工作，眞的好辛苦喔！」

「是啊！他們眞教人敬佩。」

主任說：「鹽除了食用之外，還有哪些用途哇！答對的有獎品。」

「什麼獎品哪！」

「精鹽兩包。」主任伸出兩隻手指頭。

噢！所有的小朋友都做出暈倒狀。

「減肥。」有一個小朋友大聲的說。「我媽媽都用沐浴鹽洗澡。」

「鹽可不可以減肥我是不知道，但是鹽是醬油的原料，也是製造玻璃、漂白粉、肥皂、紙張、金屬、染料、化學纖維等的原料。這麼多的東西都得靠著這些辛苦的鹽工，頂著陽光，忍受著強風吹襲，一粒粒曬出來的，讓我們爲他們的辛勞鼓勵鼓勵好不好？」

小朋友們用力的拍著手掌，福成和其他的鹽工一臉笑容的對他們揮手致意。「這些孩子長大以後，我們和這些鹽田風光就會變成歷史畫面了。」福成對妻子說。

「是啊！不用曬鹽以後，我們就好命囉！」妻子回了他一句，繼續用木耙將雪白的鹽粒耙進竹簍裡。

•五千年前，人類已經知道用鹽來保存食物，西元前的古埃及、希臘、羅馬人已懂得從海洋裡粹取海鹽了。

99.4.MOUSE

黃金閃耀的歲月

金瓜石和九份曾經是金礦的聚落，金礦也為這兩個村落帶來極度的繁榮，為台灣造就許多富人，如今，隨著金礦的停產，村落繁華落盡，成為新興的觀光景點。人們只能在褪色的、斑駁的城牆階梯裡，追憶那一段金光閃耀的歲月。

每年到了秋天，海風瑟瑟的時候，這個叫林福本的男人就會回到九份來，他穿著一件灰樸樸的襯衫，一件由黑色褪成灰白色的寬鬆長褲，還將褲管捲到膝蓋的地方，脖子上還掛著一條髒兮兮的白色毛巾。他走在九份窄窄的階梯上，忙不迭的閃躲著來來往往的遊客。他怪異的打扮，並沒有引起注意。

「這地方變化眞大呀！每年來，每年都不一樣。」林福本自言自語說著。

「算算，嘿，我今年也有一百二十一歲了。」

遊客們擠在小小的九份，搶著購買紀念品，品嚐好吃的粉圓，指著某一棟房子說著吳念眞的電影場景，林福本就是沒聽到有誰提到那段金光閃耀的日子。他有點失望，卻也頗能釋懷。那段日子是屬於他和一些好夥伴的，歷史對這些人而言是沒有任何意義的。

「光緒十六年（西元一八九〇年）劉銘傳主持台北到基隆的鐵路興建，在架設八堵車站橋梁時，一個鐵路工人戲玩水中流沙時發現砂金，因此掀起了台灣史上第一次的淘金熱潮。」

誰？是誰在說話？這些話讓林福本驚跳起來。他看到一個戴著鴨舌帽，身材矮胖的中年男子拿著麥克風對著一群小朋友說話。

「基隆河含有砂金的傳聞被證實後，在短短一年裡，湧進了三、四千名的淘金客。一八九三年，一名淘金客在小粗坑溪淘金時，收穫非常好，所以他認為，河的上游應該有尚未被人發現的金礦才是，於是他溯溪而上，還真讓他找到了九份山頂上的金脈。後來又陸續發現大、小粗坑，大竿林及金瓜石的礦脈。」是啊！這個人說的沒錯，那一年我才十四、五歲大，為了家計，也

・金瓜石包括了瑞芳鎮新山里、銅山里、石山里和瓜山里。九份的範圍則包括瑞芳鎮的基山里、崇文里、永慶里、頌德里和福住里。

•小亞細亞西部的里底亞王國，約在西元前六百年，利用琥珀金（亦稱白金）鑄造貨幣，這種金屬是河流中所發現的天然金銀合金，此後黃金便在貨幣的地位上，屹立不搖。

跟著一大群人在河裡淘金，嘿，還眞讓我淘到了幾兩重的金子耶！後來我的父母親也放棄田裡的活，跟著我淘金去了。

林福本站在那個解說員的身旁大聲的學著解說員的口氣說：

「但是，幸運的日子並沒有維持多久，一八九五年台灣割讓給日本，台灣的採礦活動有了巨大的改變。日本人以整頓礦區爲理由，將礦產區權益全部轉交給日本人。日本人引進技術及機器，大規模的採礦。我們只好受雇於日本人，替日本人採礦，領取微薄的只能餬口的薪水。」

林福本說得感慨萬千，過往的記憶歷歷呈現眼前，但是小朋友們並沒有誰聽他說話，不是不愛聽，而是聽不到，因爲林福本只是一個眷戀此地的遊魂罷了。以前

•九份山地區，清代隸屬基隆廳雞籠堡之「焿子寮莊」。日治中期，一九二〇年實施街庄制，本地隸屬台北州基隆郡瑞芳街管轄，唯大字地名（日治時期之稱呼，約當今日的村里編制）略有變動。金瓜石地區編為大字名「九份」，今九份地區則編為大字名「焿仔寮」。一九三三年（昭和八年）見金瓜石因採金事業發達，人口密集，乃將原大字名「九份」改為「金瓜

他就覺得這兒秋天的景色最美了，他在秋天的時候結識了他當時的妻子……。

「瑞芳有三地礦區，九份（大粗坑、小粗坑、大竿林、菜刀崙）、金瓜石、武丹坑。由日本人所設立的藤田組、田中組、木村組經營。當時，顏雲年承租瑞芳金山小粗坑採礦，並組成『金裕豐號』（一八九九年）、『金盈豐號』（一九〇〇年），開採金礦。

「一九〇二年，金礦主脈漸漸被採完了，再加上盜採金礦的人愈來愈多，在管理困難、經營困窘的情況下，日本人將礦區的經營權出租給地方上有力人士。一直到一九一三年，藤田組的產金量銳減，才將瑞芳礦山的礦權以三十萬圓出租給顏雲年。到了一九一八年，顏雲年以三十萬圓買下藤田組的礦區和設備。顏氏將各脈礦分區畫分，轉租他人開採。為九份地區提供了許多的

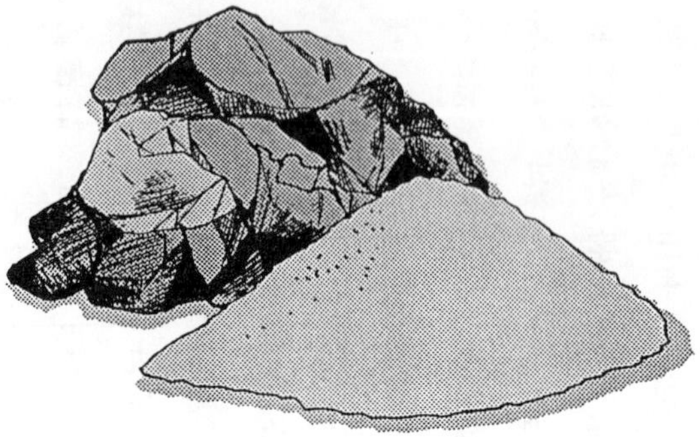

石」，而九份之名逐漸轉移至大字名「焿仔寮」之九份山地區使用。

就業機會。一九二〇年，顏雲年集資創立了『台陽礦業株式會社』。」

解說員繼續透過麥克風說著他滿肚子的故事：「一九一四年，九份全盛時期來臨了，顏雲年先生出錢開通了九份到瑞芳的道路，九份快速的發展成一個繁榮的聚落，商店、酒家一家家的沿著山勢開幕，歌舞昇平，熱鬧非凡。」

林福本眼睛閃亮起來，他當然記得那段歲月，因爲他那時候和幾個兄弟聯合租了一個脈礦開採，賺了不少錢，每到晚上，都在這條街買醉，然後把賺來的錢像撒泥土般的撒在這條街上，多麼過癮啊！多教人懷念的日子！那時候，大家都稱九份爲「小香港」呢！

「一九四二年，太平洋戰爭爆發，黃金的國際交易中斷，黃金價格一落千丈。二次大戰期間，日本勒令停

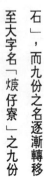

・台灣的金礦主要分布在北部及東北部，細分為五個區。

一、東北角基隆火山群，包括瑞芳與金瓜石。

二、大屯山火山群，包括金包里、萬里、三重橋及興福等。

三、蘭陽平原北邊的金面山與四堵山一帶。

四、東部海岸山脈，包括瑞穗及樟原。

五、中央山脈兼有金礦及砂金。

止一切非戰略性的物資，爲了增加戰時所需要的銅，日本人將台揚公司的重要設備移用於金瓜石銅礦的生產，所有的採礦工人被迫加入銅礦增產的行列。九份的礦山荒廢了，逐漸走向凋零的命運。」

趁著解說員在喝水的時候，林福本繼續說：

「光復後，九份礦山雖然復工開採，但是已經無法延續往日盛況。終於在一九七一年正式宣布結束開採。

「我在九份礦山關閉前十年離開這個世界的，但是，每年的秋天我都會回來，憑弔這裡曾經出現又消失的繁華。九份漸漸成爲一個人文薈萃的觀光勝地，文人雅士齊聚的村莊，每逢假日，這裡就擠滿了人潮。」林福本愈說愈小聲，彷彿在喃喃自語。

他忽然覺得累了，明年的秋天，不要再來了吧！爲什麼不想再來了呢？另一個聲音在他的內心深處質問他。這兒，再也玩不起記憶拼圖的遊戲了。很多事物都改變了，而且，變得很多。

明年，眞的不再來了。

•黃金可以作為牙科的充填劑，牙醫業很早就利用黃金修補或製作假牙。

黑金的故事

煤是台灣很重要的產業，七〇年代，全台灣就有兩百多座煤礦，分布在台北平溪、瑞芳、汐止、內湖、三峽、桃園大溪、新竹關西、橫山，還有苗栗的獅潭和南庄。不過煤也有挖完的一天，再加上挖煤的工作很危險，由於經濟不景氣，許多礦坑都陸續關閉了，現在只剩下三峽幾個煤礦還在開採。

週末下午，小東又來到這個廢棄的礦坑，那個大黑洞裡，隱隱透著某種詭異的氣氛，就是這種奇怪的氣氛吸引著小東在這逗留遐想。礦坑口被封住了，根本無法進到裡面一探究竟。小東知道這是個已經停產的煤礦坑，但是他好想知道黑洞裡面的情形，也許就像螞蟻地底的洞穴一樣，交叉縱橫的吧！

這天，小東來到礦坑口時，有個老人家坐在廢棄的、生滿了銹的鐵軌上，盯著礦坑口發呆，礦坑口擺著一隻雞、幾盤水果，以及一些供品，老人家的腳跟前放著一瓶酒，還有六個酒杯，酒杯裡裝著約八分滿的酒。這個爺爺對那個大黑洞也有興趣哩！居然這麼浪漫的在這裡喝酒。小東慢慢走近老爺爺，禮貌的問了一句：

「老爺爺，以前都沒見過你，你對這個老礦坑也有興趣喔！」

老人家轉頭看看小東，一臉哀傷的說：

「我一年才來一次，每年的今天我都會來這裡。」

「這裡有什麼值得你懷念的嗎？」小東問。

「我在這裡挖煤礦挖了二十五年哪！」老人家說。

「眞的嗎？」小東叫了起來，他覺得大黑洞的秘密終於可以揭曉了。「你很懷念挖煤礦的生活嗎？」

「不，我一點也不懷念那段黑色的生活，我來弔念幾個朋友。十二年前的今天，這個煤礦因爲瓦斯溢出造成爆炸，我受了重傷被救出來，可是，我的幾個好夥伴來不及逃出，而被活活炸死在礦坑裡……。」老人家說到傷心處，聲音哽咽了。

小東記得爸爸曾說過那個災變，聽說死了二十幾個礦工。

「老爺爺……」小東不知該說什麼。

•幾億年前的植物被掩埋在地底，經過細菌的分解變成了碳氫化合物。陸地上的植物相繼的死亡，加深了地底的碳氫化合物，經過地熱和壓擠逐漸硬化為煤。

•兩千多年以前，中國人就發現煤並且使用它。戰國時代稱為「石涅」，南北朝改稱為「石灰」。煤在早期除了作為燃料之外，還用來寫字或繪畫，也稱為「石磨」。

老人家嘆了一口氣後繼續說：「那時候礦村裡流行一句話『入坑，命是土地公的，出了坑，命才是自己的。』就是因爲挖礦的生活令人有很強烈的不確定感，大家對生命感到無奈，所以有人乾脆就過著今朝有酒今朝醉的生活。」

「這麼辛苦又這麼危險，你們可以不做礦工啊！」小東說。

「生活不是你可以選擇的，當礦工的薪水幾乎是外面工人的兩倍，要養一大家子，不做礦工要做什麼？」

老人家拿起自己的酒杯，輕輕的碰其他五個杯子：「敬你們，我的好夥伴。」小東坐在老人家身旁，靜靜的聽著老爺爺說礦坑的故事，他們的眼睛不約而同的停駐在礦坑口，彷彿那裡正在放映一齣舞台戲。

老人家放下酒杯時，猛地咳了幾聲，咳得臉都脹紅

了。小東趕緊拿出水壺，倒了一杯開水讓老爺爺喝。

「沒關係，老毛病了，這是長期在通風不良的地道中工作，吸入太多的煤灰所造成的，幾乎每個礦工都有這些老毛病，不礙事，死不了人的。」

老人家喝完水繼續說：「那時候，礦工們穿妥了工作服，帶著頭盔、頭燈、氧氣罐、中午的便當，一個個俐落的跳上台車。台車在黑色的坑道裡行駛了十來分鐘，停在一個地方，那個地方是一個多條支線的入口處，礦工們各自散去，在矮小的坑道裡挖礦，每個人都沾了滿臉的煤灰，黑嘿嘿的，誰也不知道誰是誰，只看見幾隻眼睛眨呀眨的。」

「現在有還在開採的礦坑嗎？」小東心想，現在天然氣和石化工業這麼發達，一般家庭幾乎都不用煤了。

「以前，煤是台灣很重要的產業，做什麼都要燒

・台灣目前還在生產的煤礦只剩下三峽利豐煤礦，月產量五千公噸，裕峰煤礦月產量約一千五百公噸。另外安康與五坑煤礦處於停產狀態。

煤，那時候，全台灣就有兩百多個煤礦，分布在台北平溪、瑞芳、汐止、內湖、三峽、桃園大溪、新竹關西、橫山，還有苗栗的獅潭和南庄。不過煤也有挖完的一天，而且挖煤的工作危險，已經沒有人要做這樣的工作了，加上經濟不景氣，許多礦坑都陸續關閉了，現在只剩下三峽幾個煤礦還在開採。」

「這個坑裡還有煤嗎？」小東指著大黑洞問。

「有哇！可是少囉！都是你在問我，現在換我考考你，看你有沒有認眞讀書？如果答不出來，我就送你去三峽挖煤。」

「哇！今天放假耶！還要考試。不過，沒關係，我試試看好了。」

「煤是怎麼形成的？這書上有教吧！」

「煤呀！煤是幾億年以前，枯死的樹木和腐爛的植

物殘骸沈積而成的。拿顯微鏡來看，還可以看見微小的植物細胞在煤塊裡喔！」

「你這小子不錯嘛！我以前也在一些煤塊裡發現植物葉子，甚至樹幹的痕跡。好，再問你一個問題，煤又叫做什麼？」

「這簡單，煤又叫做『黑色金剛石』，一般人通稱爲『黑金』。因爲煤很有價值，含有類似木材的物質，可以燃燒。」

「好，你過關了，可以繼續讀書，不必去做工了。」

老人家拿起酒瓶在自己空了的杯子上斟滿酒，再拿起酒杯輕碰其他的杯子後，將酒杯裡的酒一飲而盡。

清脆的玻璃碰撞聲，小東聽來竟然有一種酸酸的滋味。

•在挖煤的過程中，在石塊中會飛揚出一種矽粉，一旦吸入肺部就無法排出，日久經過沈澱後，容易導致矽肺症，是無藥可醫的。除了肺的毛病之外，多數礦工還有氣管以及風溼等職業病。

他和老人家沒有再交談，他靜靜的坐在鐵軌上，倒一杯水壺裡的水，和老爺爺一起對著礦坑口舉杯：「敬你們！」

台灣的水產

台灣四面臨海，有著豐富的海洋資源，所以沿海各地的居民大多以捕魚或養殖為業，這些魚類大多是虱目魚、烏魚、草蝦、花跳魚、鰻魚等等。但是，因為種種污染的關係，台灣的溪流及沿海地區，發現有毒的廢棄物，許多魚類、蝦類、蟹類愈來愈少，也愈來愈難捕捉了。

•虱目魚是南台灣的家魚，養殖歷史已經有三百多年了。民國七十六年起，養殖蝦大量死亡，許多蝦池紛紛改養虱目魚，導致虱目魚生產過剩，年產量超過五萬公噸。為減輕市場壓力，穩定魚價，於是努力朝加工製造及外銷上進展，虱目魚丸、虱目魚肚、燒烤虱目魚、虱目魚漿等，都是市面上常見的加工產品。

大白鷺悠悠在河口散步，偶爾啄起一尾小魚吞食，偶爾，他會抬頭看看不遠的地方那一排蚵架，漁夫阿添正用繩子綁起成串的貝殼，垂進海裡，好讓牡蠣的卵附著成長。牡蠣是一種瓣鰓類的軟體動物，秋天到春節期間，牠們的卵在海中受精發育後，就會附著在這些貝殼上寄生。

悠悠在兩年前發現這個河口，便定居在此，河口是海洋和陸地之間的河灘地，有著豐富的魚類，每年到了冬天，這裡便會聚集大批水鳥度冬。除此之外，這裡也是養殖的好場所。

閒來無事，悠悠喜歡飛到各地觀察漁民的生活。台灣四面臨海，有著豐富的海洋資源，所以沿海各地的居民大多以捕魚或養殖爲業。每年到了夏天，大批的虱目魚苗隨著暖流游泳到台灣沿海，這是漁民們忙碌的季

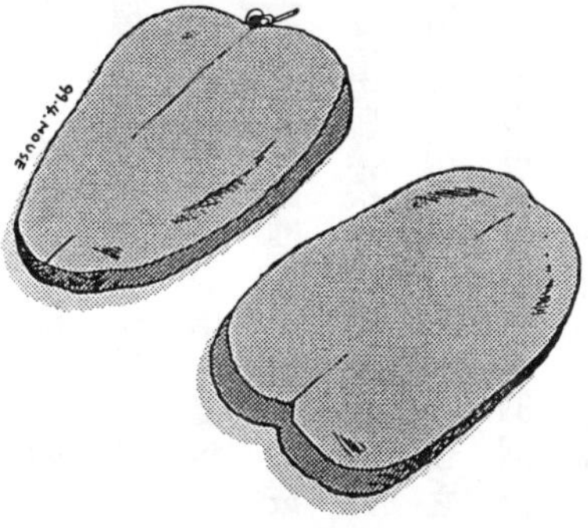

節，他們出動所有的漁船進行捕撈，然後將魚苗放進養殖池裡養著，六、七個月以後，魚苗長成一公斤左右的成魚，就可以販售食用了。

聽說鄭成功去世後，鄭經繼承父志繼續經營台灣，他特別喜愛虱目魚，經常請人捕撈烹煮，所以虱目魚又叫做「皇帝魚」。

冬天，冷鋒過境，成群結隊的烏魚像信守誰的約定一般的準時到達，沒有人知道那是怎樣的一種約定，總之，寒流來襲的時候，烏魚們也來了。因此，人們又稱這些洄游在西南沿海的烏魚爲「信魚」。

烏魚游過台灣海峽，在沿海平緩的沙灘產卵，經過二十幾天，魚卵順利孵化，這時候，許多的漁船會湧進台灣附近的海域捕撈烏魚或魚苗。捕獲的烏魚由人工取出魚的卵，載運到加工廠，做成烏魚子。烏魚子營養豐

•台灣養殖漁業，自從蝦類人工繁殖成功後，農民陸續將沿海低窪貧瘠的農地挖掘成魚塭。民國六十八年至八十三年的十六年間，養殖魚塭面積由三萬五千餘公頃增加到五萬兩千公頃。業者一窩蜂盲目跟進的心態，造成養殖產業秩序大亂。由於養殖需使用大量的水，在缺乏供水的規畫與設施的狀況下，業者自行鑿井抽取地下水使用。

富，美味可口，是一道極昂貴的珍饈。

悠悠偶爾也會在魚塭旁稍作停留，看看有沒有機會品嚐到魚塭裡鮮美的魚類。漁民們恨透了偷吃魚的鷺鷥，所以只要看到鷺鷥在附近徘徊，會氣得朝鷺鷥扔石塊，所以到魚塭來是一種冒險。悠悠在魚塭吃了許多鮮美的魚，也聽了很多關於台灣水產養殖的故事。

除了大海裡的資源外，臨海的縣市還有許多專業化的養殖魚池，養著草蝦、花跳魚、鰻魚、虱目魚……。以前，所養殖的魚苗大都是到海邊捕撈的；但是，經過專家的研究，許多魚苗經過人工繁殖成功，爲台灣的水產事業創造了輝煌的成績。

四十年以前，蝦子在台灣是一種非常昂貴的海鮮，但是因爲種苗技術的問題，所以很少人養殖。台灣省水產試驗所所長廖一久先生從日本回國後，立即投入蝦類

・大量抽取地下水的結果，造成許多沿海地區地盤下陷，地下水鹹化，土質鹽鹵，海水倒灌，嚴重危及國土保安及人民生命財產的安全。

・根據調查，除了台北盆地下陷兩百五十二平方公里外，其餘下陷面積概估有八百四十五平方公里，多數與養殖業有關。

的研究工作，第一批草蝦苗終於在一九六八年九月人工繁殖成功。隔年二月，在簡陋的設備下，兩尾人工烏魚苗也培育成功，第三年更育成四百三十一尾，到一九七二年，烏魚苗數量已增加到兩萬三千多尾，領先從事烏魚研究的世界各國，在台灣確立了烏魚人工繁殖的技術。台灣的農民在水產試驗所研究人員的技術協助下，投入養殖的事業，闢出一口口的魚池，養起了草蝦、虱目魚、石斑魚等等水產品。味美肉鮮的各種海鮮食品，漸漸成爲家家戶戶餐桌上不可少的菜肴。

但是，和許多河流受到污染的狀況一樣，養殖水遭到污染的情況愈來愈嚴重，看來，養殖漁業得花更多的精神與力氣才能有更好的魚獲量了。

悠悠看著漁民阿添綁妥了貝殼串，蹲在遠遠的沙灘，凝望大海。不知道阿添心裡所想的、所擔心的，是

•台灣附近海域污染十分嚴重，在民國五十年代末，台灣西南部沿海養殖貝類，就經常大量不明原因死亡，後來經調查認定是冬季天旱時，大量污染物沈積於河床，隔年雨季來臨時，污染物質受大雨沖刷入海，而導致養殖魚貝類受污染死亡。

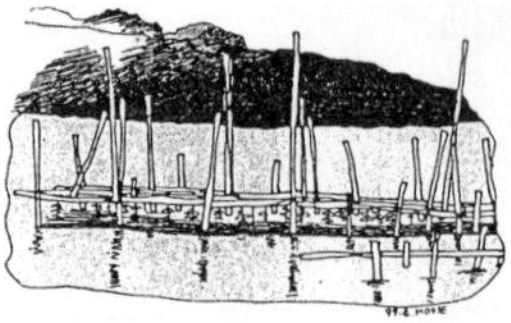

不是和他所擔心的一樣?賴以爲生的環境就要改變了。悠悠最近萌生了離開河口的念頭。

悠悠想起上一個棲息地，那是一條靠近村莊的河流，河流與村莊的中心點是一大片沼澤地，白天，他就在草澤地上覓食，或者單腳獨立在河裡，感覺水的流動，偶爾還可以吃到河裡的魚，晚上則飛到附近的樹稍上棲息。有一段日子，悠悠認定這兒是他夢中的天堂，他簡直愛死這裡了。

但是，美好的日子才過了一年，有一天悠悠發現好多的魚翻出魚肚白，從上游漂到下游;漸漸的，悠悠又發現河川常常見到的毛蟹，居然消失了。這是怎麼回事?這條河流是怎麼了?悠悠沿著河流往上游飛去，沿途的景象，驚心動魄，讓悠悠嚇出一身冷汗:瞧哇!有人濫伐森林、濫建、濫葬、濫墾，還有人傾倒廢土與垃

圾，下雨時，雨水把這些髒污的東西帶進河川裡，還有家庭污水、工業廢水也排入河川……，河的沿岸有許多優閒的釣客，垂釣了大半天釣不到一尾魚。悠悠心裡發出吶喊：

「回家吧！那種隨手就可以釣起魚蝦，抓到毛蟹的日子，已經變成童話了，收起你的釣竿，回家反省去吧！看看你們人類怎麼對待大自然，大自然當然再也不願意表現善意了。」

悠悠絕望的離開了曾經是夢中天堂的沼澤區，夢中的天堂已經變色了。經過了一陣子的尋找，悠悠來到這個河口，安安穩穩的住了一年。沒想到，悠悠的朋友雅雅因爲吃了中了毒的魚而喪生，悠悠警覺到，這附近的工業污水也已經開始危害這個河口了，魚貝愈來愈少了，有些魚貝甚至會產生毒素，也許是該離開的時候了。

悠悠感慨極了，環境改變了，我可以拍一拍翅膀離開，但是靠大海爲生的阿添呢？他又該何去何從？唉！這全是他們人類惹的禍，自有人類爲他想辦法，我操什麼心呢？

我該操心的是，哪裡才是眞正夢中的天堂呢！

•在分類學上，白鷺鷥的種類很多，有大白鷺、唐白鷺、鍾白鷺、小白鷺、蒼鷺等六十六種。牠們喜歡啄食昆蟲、青蛙、魚和蝦，所以當牠們出現在人類的魚場時，常常遭到人類的驅趕。

台灣風土系列❾

物產的故事

2000年8月初版
2004年4月初版第五刷

定價：新臺幣單冊160元
新臺幣一套10冊1800元

審　訂　施志汶
著　者　張友漁
發行人　劉國瑞

出版者　聯經出版事業股份有限公司
台北市忠孝東路四段555號
台北發行所地址：台北縣汐止市大同路一段367號
電話：(02)26418661
台北忠孝門市地址：台北市忠孝東路四段561號1-2F
電話：(02)27683708
台北新生門市地址：台北市新生南路三段94號
電話：(02)23620308
台中門市地址：台中市健行路321號
台中分公司電話：(04)22312023
高雄辦事處地址：高雄市成功一路363號B1
電話：(07)2412802
郵政劃撥帳戶第0100559-3號
郵撥電話：26418662
印刷者　世和印製企業有限公司

責任編輯　黃惠鈴
封面設計　劉茂添

行政院新聞局出版事業登記證局版臺業字第0130號

本書如有缺頁，破損，倒裝請寄回發行所更換。
聯經網址 http://www.linkingbooks.com.tw
信箱 e-mail:linking@udngroup.com

ISBN 957-08-2113-2 (單冊：平裝)
ISBN 957-08-2127-2 (一套：平裝)

國家圖書館出版品預行編目資料

物產的故事 / 張友漁著．--初版．
--臺北市：聯經，2000年
160面；14.8×21公分．-- (台灣風土系列；9)
ISBN 957-08-2113-2(單冊：平裝)
ISBN 957-08-2127-2(一套：平裝)
〔2004年4月初版第五刷〕

I．產業-台灣-青少年文學
II．台灣-青少年文學

673.2　　89010206